털실로도 어둠을 짤 수 있지
조혜은 시집

문학동네시인선 237 조혜은
털실로도 어둠을 짤 수 있지

시인의 말

그런 밤이면 당신이 나를 만져도 부서지지 않을 것 같았습니다.

2025년 6월
조혜은

차례

시인의 말　　　　　　　　　　　　　　　005

1부 여름 불청객

이면지—사실　　　　　　　　　　　　012
이면지—소문　　　　　　　　　　　　014
여름 불청객　　　　　　　　　　　　　016
목줄이 긴 개　　　　　　　　　　　　018
외삼촌　　　　　　　　　　　　　　　021
수족관 얼굴　　　　　　　　　　　　　024
방과후 학교　　　　　　　　　　　　　026
줄무늬　　　　　　　　　　　　　　　028
난센스　　　　　　　　　　　　　　　030
바다 식탁—155*73*74　　　　　　　　032
양파　　　　　　　　　　　　　　　　035

2부 벽에 발을 붙이고 담배를 태우는 환한 저녁

앞머리—눈 내리는 체육관　　　　　　040
개도(開度)—굳은살 엄마　　　　　　　044

플루트 교실 2	048
감자	050
박리(剝離)—선영에게	052
주말 연습	054
실종	056
손차양—도시 여행	059
여름 공원	062
짬뽕	064
지옥—도시 여행	066

3부 당신은 나의 얼굴을 보았잖아요

자취	070
물감 연습	072
자취—도시 여행	074
자취—도서관	078
자취—초록	079
이사—영통1동의 밤	082
가정폭력상담소—이사	084

책갈피	088
허기	090
이사―피아노 콩쿠르	092
설리(雪裏)―눈 내리는 체육관	094

4부 사랑하기 위한 연습이 끝났지만 사랑은 오지 않았고

자전거 연습	098
리허설	100
공중―14층	102
눈 내리는 체육관―둘의 풍경	105
넷의 풍경	108
휴양지에서―경고문	111
산수유	112
선약	114
역할 놀이	117
거실―3625	120
헤엄	122
양파 2	126
낙조	128

해설|내가 가장 (순수하게) 불행했을 때   129
|박혜진(문학평론가)

1부
여름 불청객

이면지
―사실

내가 가고 나면 사람들은 진실을 말하겠죠
웃음도 깨어지고 일은 끝나고
믿는 것과 보는 것은 다르니까요

다치고 난 뒤의 마음은 아무리 달래도 가라앉지 않겠지만

당신이 보고 싶어요
몸의 부위를 제외하고 발음되는 그리움은 너무 간절해서
무료함도 얼굴도 너의 골목도 이름도 머금고

좋은 사람들이 모두 가난한 아이를 이해할 수 있는 건 아니란다
세탁소 앞에 걸린 깊은 빛깔의 반짝이 드레스 같은 것들을 본 날이면 몸이 좋지 않았어요
천사의 노래를 훔쳐 들은 것처럼 허락되지 않은 고해성사를 마치고 싶었어요 죄를 지을 두 손을 허락하소서

나를 생각해 나의 운동화 끈을 자주 풀어지게 만드는 사람
나를 가장 친절한 사람으로 봐주는 사람, 나를 수줍은 사람으로 기억하는 사람에게 나는 친절하고 수줍은 사람이었어요 지겨운 사람이었어요

종이 뒤에 숨겨진 아이들

바스러지고 작고 마르고 뜨고 짠 아이들

막힌 코를 들이마시며 훌쩍이고 나면
매일의 부스러기를 닦고 나면
지독함에서 점점 더 멀어졌어요

죄를 반죽해 부풀린 빵 조각이 욕실 바닥에 떨어지면, 가난한 아이의 잘린 손가락 같았어요
다치고 난 뒤 나는 그 골목에는 없는 노래입니다
안아줄 수 없는 사람이었어요

혼자 마음을 키웠어요 돌연변이처럼 사랑하지 않는 짝사랑하는 사람들이 넘쳐나면 나는 더 잘 넘어질 수 있었어요

이면지
―소문

태풍을 폭풍이라고 말하고
사람들이 죽어가는데 텅 빈 날씨 이야기만 했어
어제는 아이의 엄마가 비탈진 지하 주차장에 갇혔다고 했어
걸어가는 공포를 상상하기 무서워
휩쓸리듯 사람과 싸웠어
많은 사람이 죽음의 실물을 보았다는데
높은 건물들이 실망을 비추고 있다는 호수 공원을 여러 바퀴 걸었어
수변 도로는 숨이 막혀 있었지 거기서 낯모를 아이가 실수로 빠져 죽었다지
골목에서는 공을 쫓던 아이가 소식대로 차에 치여 죽었댔어
자꾸만 틀리는 감정이 부끄러워 사람을 낭비했어
쓸모없는 사람이 된 것처럼 하루종일 싸웠지
세차를 할 때면 우리의 몸 위로 꿈틀꿈틀 빠져나가지 못한 빛이 흘렀어
그 얼굴이 떠올랐어
아이는 죽음 말고도 가지고 견디고 지켜내야 할 불행이 너무 많았다는데
온 세계가 진심을 다해 아이에게 희망을 사기쳤어
나의 성실이 당신의 배신을 유예시키지는 않아요
이 세계가 너무 무료해서

나를 고칠 수 없어서
다치기를 반복했어

여름 불청객

모래에 얼굴을 묻게 되는 마음이 있어
우리는 설렜다

표정이 많은 사람
표정이 없는 얼굴로
기나긴 표정을 흉내냈다

휴가나 해변은 어울리지 않아
여덟 시간 동안 바다에 있었다

언제든 끝낼 수 있다고 믿었다

단추가 풀어진 검은 셔츠와 단정하게 올라간 옷깃
을
반쯤 접어올린 소매와 체온을 발음하는 목덜미
의
끝나지 않는 여름의 결연과 절연

악의를 가늠할 수 있기 때문에
돌아오는 여행의 끝에서
오후는 있거나 없고

끝나지 않는 비 소식이

꿈에서 만나
걷는 것 말고는
사랑을 빼고 이야기를 나누는 것 말고는

쓸 수 없는 무언가가 이뤄져도
아무것에도 이를 수 없었지만

도망자처럼 스치듯
귀기울여주었지

너는
머물게 하고 싶지만 갔어야 하는 사람
무례하게도 선량한 슬픈 사람

그곳은 너의 표정과 비슷했으나
결코 이루어지지 않을 나의 세계

모든 행복은 불안했고
묽은 죽을 쑤는 여인처럼 처량했지

여름은 더이상 요약되지 않았다

목줄이 긴 개

행복의 긴 꼬리를 따라가다보면
반듯한 불안이 왔다
바다라고 불리면 다 같은 바다일까
아이들은 처음 본 민박집의 개에게 이름을 붙여주었다
목줄에 묶인 개에게는 이름을 붙여주지 마
개에게는 주인이 있어

생명에게 주인이라는 말은 잔혹해서

아이들은 나를 만나면 억울한 일들을 오래오래 털어놓았다
더 놀 거면 아빠가 우리끼리 버스 타고 오래서
내가 모은 모래 다 버렸어

우리의 마지막 놀이는 아니지만
여행은 늘 마지막 여행이어서

바다로 통하는 길은 다 비슷했다
오래된 건물은 아직도 있었고

바다에 왔다
좋은 마음을 두고
제발 내 생각도 좀 해

헤어지기로 하고 저주했다

바다에 사는 고양이는 내 무릎에 엎드려 아이들을 할퀴었어

사람들은 파도처럼 몰려다니며 쉴새없이 고양이에게 말을 걸었고
전망대가 있던 바다에서는 목줄이 없는 파삭한 개가 오가는 사람들의 살아 있는 냄새를 맡으며 서성이는 것을 보았었지

쓸쓸한 표정은 버려
버리는 것보다 잊어버리는 게 나으니까

바다에서 점점 멀어질 때
잔인하게 말하는 법을 배웠다

해질녘, 아이들을 따라 난 그림자는
목줄이 풀린 개의 부서진 영혼일까
지난 바다도 다 같은 바다니까

미안한 마음을 지우려고 바다에 갔다가
독한 마음만 안고 돌아왔다

바다로 통하는 학교가 있어서
내일은 학교에 가야 한다고
아이들을 재웠다

내게서 태어난 아이가 나를 위로할 때까지
떠났다 돌아오면 봄꽃이 만개했다

외삼촌

모든 여행은 이별 여행이었다
마지막이길 바라며
이 지루하게 평온한 풍경이
한결같이 설레는 얼굴들이
무의미한 기대가

이번만은 마지막이길

길지 않은 잠 끝에는 슬픔과 무력이 희망처럼 따라온다

이 무력감으로
내일의 외출을 꿈꾸며

가족이 많다는 것은
해결할 수 없는 슬픔이 많다는 거야
슬픔은 왜 그런 발음을 가졌을까

아이는 한 번도 종이에 쓴 적이 없는 단어를
종종 내게 물었다

나는 너에게 쓴 적 없는 단어를 종종 발음했다

우리에게 사랑은

볶음밥 위에 케첩으로 그린 하트 같은 것이어서
언제 무너질까
스며들어 네 몸속에 입맞춤을 퍼부었다

사랑이라는 말을 푹푹 떠먹으며
어딘가에 엄마를 진심으로 걱정하는 사람이 있을 거라 믿으며

노랗게 말라가는 초록의 식물처럼
세상이 끝나기를 바란 적이 있어요

버려지고 짐이 되는 선물의 마음으로
버스를 기다렸다
내일은 아무 의미가 없는 말

버스에도 마음이 있을까
오늘은 나를 두고 떠났다

낱낱이 망가지길 원해요
망가진 영혼을 깨워
말짱한 정신으로 고통받으며, 고통받는 나 자신을 꿈꿔요
이미 죽은 종이에 나를 그려 오려놓은 것처럼

잘 찢어지고
함부로 밀려난 자국은 오래 남았다

사고를 당하기 전에 외삼촌은 똑똑했대
어딘가 은밀한 가족사가 진동했다
발음하면 무엇이 남을까

누군가의 죽음 앞에
무연고로 남겨진 아이들을 생각했다

수족관 얼굴

너무 깊은 수조는
가슴을 철렁하게 했다

너무 자세히, 물고기의 얼굴을 본 날에는
쓸쓸해 고통스러웠다

눈먼 알비노 송어
보이지 않으면 상관하지 않아도 되는 걸까
수족관에서 죽은 물고기를 보았다
다리를 저는 남자도

진단이 아닌 선고를 듣는 부모의 심정으로
나는 사랑이 지겨워
내게서 사랑을 가져가려는
내게서 사랑을 찾으려는 당신도

 나는 사랑이 너무 지겨워서, 내게 사랑한다고 말하는 사람이 있으면
 달아나고 싶었다
 갖은 온건한 이유로 수조에 갇힌 눈먼 송어와 몸을 바꿨다
 하나를 인정하면 다른 하나를 묵살하게 되는 투명한 집에서
 사람들은 아직도 서로가 그렇게 소중할까

스스로가 자랑스럽고
망치로 부수고 죽이고 때리고

살아 있으면 누구나 최선을 다해야 하는 거야

수조 속 최고의 순간은 언제였을까
오지 않았다면 거짓이고
오지 않았다면 슬픈
가장 커다랗고 가장 오래된, 밑바닥의 너를 바라보며
누군가에게 진심으로 배울 수 있다면
까딱까딱
비밀을 발설할 수 있을 만큼만 가까운 나의 송어들과 함께 몸을 흔들며
슬픔과 거짓에 부딪히지 않으려

사람들에게 보여주었다
내 얼굴이 그렇게 보고 싶었냐고

방과후 학교

기다리는 법을 배웠다
우리는 가장 작은 소리
내 몸이 온몸에서 멀어지는가
뛰어오는 발, 내리는 손
익숙하지 않은 말

아이는 에튀드를 치고
아이는 토슈즈를 갖고
아이의 한 음은, 아이의 양발은 어디까지 갔나

나는 기다리는 사람
매일 조금씩 나를 미뤘다

이뤄져서는 안 되는 비극으로 끝나는 일들이 있다고

벽돌을 쌓는 사람을 떠올리며
그늘에서 책을 읽고 나오면 눈이 부셨다
줄눈에 눈을 맞추는 사람
부서져 흩어진다

누구도 사랑하지 않아
아무것도 질투하지 않는 마음으로

새로운 간판을 올리는 사람
존재하는 일과 하루
선한 사람의 악행과 악한 사람의 마음으로
비현실적인 엄마를 쓰고
존재하는 비뚤어진 엄마를 거절했다

소속이 바뀌는 것은 소원이 바뀌는 것과 같아요

마음에 둔다고 둘 수 있는 게 있을까
마음에 든다고 내 마음에 들어오는 것이 있을까

아무것도 마음에 들지 않아요
잃어버려도 될 물건이 된 것 같아요

몸에는 잘 무너지는 부위가 있다는 걸 기억해요
허리를 꼿꼿이 세우면

아이들이 퉁겨져 나온다

엄마들이 사라지자 엄마는 혼자가 된 것 같았어요
오늘의 후회에서 눈을 뗄 수 없어요

줄무늬

모두 같은 옷을 입었다

아프다고만 써버릴 수 없는 휴일에

나를 증명할 이론을 찾았다

아련한 아이들

내 등을 만지는 낯선 손의 고백
나의 친절은 습관입니다

당신이 나의 하얀 머리카락을 눈처럼 매만지면

이제 그만 사랑하기로 했어요
인간이 인간에게 그런 파괴를 계획한다는 걸

하고많은 불빛을 견디는 날들

아파트 주차장에서 한동안 겨우 한 뼘 옮겨지는 노인의 걸음처럼
어떤 이야기도 유려하게 쓸 수 없을까봐

그렇게 어렵게 죽음으로 한 발짝 꽃피웠다고

조롱하듯 저무는 봄빛

우리가 위로받지 못하는 너무 많은 시간이 있어

어떤 시절에는 등을 쓸어내리는 설렘이 있었다고
잃어버린 물병의 색
치워진 용건

오늘 하루의 부피를 채운 꽃가루 뭉치의 유영

난센스

우리의 겨울방학은 늦게 자고 늦게 일어나는 날들의
연속이었다
아침이 없는 삶이었다

난데없이 슬픈 겨울방학
어딘지 모르게 슬픈 하루

방문이 열렸을 뿐인데
아침이 온 것 같아
빛이 새어들어온 것 같아

낮과 밤이 구분되지 않는 실내 놀이터에서
기구를 이용한 뒤 아이들이 안전장치를 제거하고, 파란
실내화를 벗어 제자리에 놓고, 경중경중 뛰어가는 모습이
보인다

휴일의 아이들은 집에 있을 수가 없어서
규칙은 누가 정하는 거지?
배운 대로 실천하고 시키는 대로
파란불 아니라 초록불이야!
건널 수 없는 기다림 앞에 섰다

외로움은 어른을 병들게 했고

지루함은 아이를 썩게 만들어서
누가 아이들을 무질서하다고 말하는 거지?
확대해본 눈에는 슬픔이 가득했다

어른들이 자리를 두고 다투는 사이
거울 앞에 살고 있는 아이들
아빠는 왜 조금 덜 불행해질 수 없었나요?
우리의 지친 삽화 속에서는 아무것도 남아 있지 않았는데

모든 것이 더 나아진다고 해도 아무것도 좋아지지 않을 거야

난데없이 끝난 여름방학
어디에 있는지 모를 숨가쁜 하루

바다에 다녀온 뒤에는 작은 동물들이 죽어 있었다
연약한 입김을 내뿜으며
작은 온기로 몸을 적신 채

어둠을 어둠과 구분하지 않던 야행성의 책상 속
작은 우리 안에서

쳇바퀴를 굴리던 낡은 짐승의 소리가 들리지 않았다

바다 식탁
―155*73*74

뒤로 물러섰습니다
얼굴을 찍히고 싶지 않아서

집에 가기 싫다
그렇다고 머물고 싶지도 않은 얼굴로 그 사람이 멀어졌습니다

나를 찍어놓은 듯
닮은 얼굴이었습니다

기다리는 동안은 아무것도 궁금하지 않아서
나 또한 그런 얼굴입니다

하찮은 고백 같은 것
행복에 대해서라면
식탁 위에 오른 검푸른 속임수

도저히 이해할 수 없다고 소리를 지르고 나면
내가 들은 폭언과 똑같아서
내 앞에서 말문이 막힌 아이의 얼굴로
폭우를 기다립니다

꼭꼭 모래를 씹듯 그 사람이 나를 만졌습니다

거짓말이야
함께인 인간은 혼자보다 아름다울 수 없어

양치질을 하고 싶었다
이 사이에 낀 그 사람의 말을 모두 씻어버리고 나면

계단을 내려온 보석 같은 햇살

아이와 함께 잠을 자고 일어나면 몸 어딘가에 반짝이가 붙어 있었다

찍어낸 구름처럼 선명한 아이들

너무 긴 구름을 찍을 때에는 시야를 부수어 바다에 담아야 했다
행복에 대해서 말하고 있는 거야
다양하고 아름다운 지느러미 같은 것들

저녁 식탁 아침 바다
비명처럼 반짝이며 일렁이는 목순(目脣) 아래

뒤로 물러섰다

사랑하는 게 분명한 다른 얼굴로
꿈속의 나와 아무 일도 없는 채로 갔다

양파

이해할 수 없이 우는 너를 이해할 수 있어서 슬픈 마음
모두가 빠져나간 금요일의 학교 앞
내가 없는 카페
데리러 오라며, 문밖 길가에서 기다리겠다는 아이의
뚝뚝 끊어진 문자
찬바람과 싸늘한 손
내가 이기면 너에게 그 손을 주겠지
네가 이기면 나는 그 손을 놓을 거야

사람들은 가난한 꿈을 가진 사람을 미워했다

손톱 하나, 반지에 끼울 거짓 하나, 노트에 그을 줄 하나를 사려고 삼십 분에 한 대씩 오는 버스를 기다려 문고에 갔다 사고 싶은 책은 늘 없고

손을 대면 미미한 온기가 느껴지는 것들을 학대하는 사람은 나를 향해 그토록 작은 울음을 넘기는 사람 기껏해야 한 번의 발길질에 나가떨어지는 따뜻한 몸뚱이를 향해 그토록 뜨거운 분노를 토해내는 당신도 있었고

내게서 나온 피가 내 엉덩이를 적시고 고깃집 의자를 적시고

붉은 양귀비의 꽃말은 위안 위로 몽상이라지

　갈가리 찢긴 낙엽이 눈 위에 누워 있는 모습이 누군가의 각혈 같아서

　내게 담배 피우는 법을 알려주겠다던 친구를 혼자서 좋아한 적이 있다
내가 나를 망칠 결심을 할 때에는
마음껏 사랑해도 죽지 않을 것 같은 사람에게
그 방법을 배우면 어떨까

　막연한 사상을 구체적 연기로 피워올리며
너는 내 앞에 서 있었다
목련이 뚝뚝 떨어지던 나무 아래에 삐딱하게 서서
너는 무심하게 내 마음을 태우고 있었다

　하얀 양귀비의 꽃말은 망각이라지

　길 가까이에서 본 목련잎은 끝이 누렇게 변해 나뒹굴고 있었고
파티가 끝난 곳에서 또다른 연회를 기다리듯
낭독이 끝나고 뒤풀이를 기다리는 사람들 속에서
너는 잔뜩 어깨를 움츠려 불을 붙였다

딸깍
너무 맑은 어둠은 자신의 공간에서 사람을 분리한다
그날의 너는 어디에도 없었지만 내게만 있는 사람

너무 환한 사람을 만나면 기억을 잃게 된다고
기억을 두고 돌아서는 사람을

뚝 떨어진 자목련잎은 가운데를 두 번 십자로 잘라놓은 양파 속 같아서
아이들이 먹을 요리를 내어놓기 전에 주저앉아 이유도 모른 채 눈물을 쏟고 싶었다
내가 영원히 좋아했다는 것을 모르는 그 사람이
자신과는 아무 상관이 없는 한 사람이 울고 있는 것을
영원히 모르고 지나갔으면

실패라는 것에 다다르게 되면
사랑해서 결코 버릴 수 없는 것들이 나를 갈가리 찢어놓았다
오늘은 내 살로 뜨개질을 해볼까

찬바람과 싸늘한 손
아이가 내 손을 피해 달아난다
달아나는 아이를 잡아 손깍지를 끼우고, 내 손을 뚝뚝 끊어 잊지 못할 손에 끼워 보냈다

― 영원히 모르고 지나갔으면

2부
벽에 발을 붙이고 담배를 태우는 환한 저녁

앞머리
―눈 내리는 체육관

나에게 예의를 지켜 말해주세요
나는 무례한 얼굴로 사랑받길 원한 게 아니에요

나는 쉽게 몰두하지 못했다
못생겼다 못했다 못났다

당신이 휘두른 전기톱에 잘려나가기 직전이었다

나는 짐을 쌌다 떠난다던 당신은 왜 가지 않았을까 내가 도망쳐 나온 당신들은 잠을 자고 술을 마시고 아무데서나 잠을 자고 홀로 남은 엄마는 세탁기에 숨고 돈을 벌고 모욕 당하고 여유롭게 졸린 목으로 구역질을 참으며 내가 아닌 내가 불행을 번복하는 것에 익숙하고

내가 아닌 내가 본, 흐릿한 기억들

나는 수예요
비가 오는 날에 아이들을 데리고 집을 나가면
아이들과 내가 어떻게 집으로 돌아오느냐보다
자신이 혼자 먹는 밥을 더 걱정하는 사람과 살고 있어요
엄마 아빠는 끔찍했지만 삶은 식욕보다 더 소름 돋게 조용하게 이어져요
사람들은 잘못 태어난 아기만 불쌍한 줄 알죠

끝나지 않아요

설명할 수 없는 감정들이 이해되지 않은 채로 사라져버렸다

쇼핑몰에서 아이들에게 풍선을 불어주는 피에로 복장의 남자
피에로 복장을 한 남자의 삶을 대신 살아주는 사람 같았죠
그의 이름은 나와 같이 작고 피로한 모습이에요
거인 인형의 것처럼 커다랗고 낡아빠진 분홍의 부직포 신발
무기력한 염료를 머금은 붉은 바지와 반짝이가 몇 개 뿌려진 노란색 셔츠
풍선을 단번에 불어내는 입에서는 잔뜩 구겨진 기침
마스크를 벗은 얼굴은 입고 있는 바지에 핏기를 몽땅 빼앗긴 듯 창백하고 움푹움푹 파였어요
바닥에 떨어진 두 눈만 슴벅슴벅
계속해서 눈을 비비는 두 손은 쓰고 있는 털모자처럼 살이 듬성듬성 빠져 있어서

아무도 그 앞에 줄을 서지 않아서

막상 버리려고 하면 마음이 쓰였어요

적당한 얼굴로 살아가길 원한 적 없어요
당신은 왜 나와
상관없어질 수 없었나요
이야기 속 당신도, 내가 기억하는 당신도
언제나 당신의 불행을 이유로 남을 끌어들이는 당신이었는데

망할 년! 잽만 쓸 수 있는데 스트레이트를 날렸어

당신이 바라는 온전한 사랑과
나는 싸우지 않아서
온정과 사랑을 하지 않아서

머리를 자르러 가야겠다고 생각했어요
모든 것이 나아진다고 해도 당신은 그저 그런 당신이라서
비는 내리지 않았지만 내가 쏘아올린 혐오가 비처럼 내리는 것 같아서

방을 닦고 있는데
울고 있는 냉장고 밑에서 납작한 얼굴을 내민 담배꽁초를 발견했어요
함부로 버릴 수 없어서 당신의 손에 들려 있던 축축하고

너덜너덜한
　나의 피로한 모습이 떠올랐어요

　모든 것이 나아진다고 해도 나는 그저 그런 나라서
　내 눈을 피하는 당신의 눈을, 맞췄어요

　나에게 예의를 지켜 말해주세요
　나는 당신의 앞에 서길 원한 게 아니에요

개도(開度)
―굳은살 엄마

1

우리의 싸움으로 어색해진 공간에서 아이가 로망스를 두드렸다 좋은 사람이면서 동시에 나쁜 사람일 수 있는 나를 아이들은 엄마라고 불렀다 아이들이 먹지 않는 맛없는 초코과자를 아이들이 남긴 우유에 말아먹고 눈앞이 하얘진 하루

하루를 낭비한 만큼 사랑해

여름에 떠올리는 겨울은 다정하고 무료해서
우리는 눈을 덮고 잠이 들었다.

2

놀이터를 뒤덮은 자귀나무의 꽃도
다른 순간을 가져오지 못했어

가난한 엄마가 가련해질 수 있었을까 집을 나간 엄마의 첫 집은 반지하였다 우리는 하나씩 그곳에 세 들어갔지 집으로 가면 우리는 낮에 올라온 만큼 한 칸씩 낮아졌어 자매들은 매일 절반쯤 사라지고 엄마는 우리의 하나뿐인 방에서 밤마다 커터 칼로 뒤꿈치의 굳은살을 베어냈는데 남들

은 보지 못하는 절반을 더 보았고 함께여서 불안했고 불운 속에 온전했다고

  남들은 보지 못하는 절반의 창가에서
  떠돌던 고양이가 새끼를 낳았는데 그것은 물소리
  여름에 떠올리는 겨울은 더이상 차갑지 않아서
  비는 지붕을 두드리지 않았고
  층계참에 널어둔 빨래를 생각하면
  비가 내렸어

3

  계단을 따라 내려온 가난이 굽이굽이 들이치면, 현관을 떠다니던 하얀 운동화와 빨간 양수기 돌아가는 소리 숨겨둔 아빠와 숨겨진 할머니에 대한 기억이 꾸역꾸역 밀려들 때면 마음을 반쯤 올려 꺼억꺼억 울었지

  슬픔인지 안도인지 미움인지 서러움인지 모를 누더기 같은 감정들이
  절반쯤 걸린 몸뚱이처럼 빨랫줄에 매달려 대롱대롱, 조각난 햇살을 방안에 보내주었지

매일같이 흐려지던 밤이면 엄마의 코고는 소리 고춧가루 냄새 가운데에 누운 나는 소리를 죽인 채 채널을 돌렸고, 잠든 엄마의 얼굴 위로 내가 돌린 화면이 물결치면 보라색 분홍색의 엄마

비가 오는 것 같아
눈동자에 빗줄기 모양이 새겨진 것처럼 온종일 비가 내려
눅눅한 바닥에 누워 곰팡이가 내린 천장을 보며
우리는 눈만 덮고도 잠이 들었다

잘 포개어진 채로 살을 맞대고
단 한 칸의 방에서

세 자매의 혼곤한 잠
우리는 살고 있어요

4

　과거에 함몰되지 않기 위해 내게는 아이가 필요했다 거리를 두고 멀어지기 위해서 나는 슬픔을 어떻게 차별하고 어떻게 간섭해야 할까요 빗속에서 각자의 우산을 쓰고 서로의 손을 잡을 때, 한쪽 발은 배고프고 한쪽 발은 배고프지

앓은 오후

  —오늘 음악 학원에서 뭐했어?
  —오빠랑 닭싸움했는데

  마침내 흩어진 구름 아래서
  엄마, 나뭇잎들은 왜 이렇게 손바닥 모양으로 벌어져 있는 거야
  한껏 펼친 아이의 손을 잡으며
  우리가 볼 수 있게 허락된 하늘을 공평하게 나누어 가지려고
  내가 가진 가난한 엄마를 이해했다

  엄마, 간지러우면 이렇게 톡톡 두드려
  상처를 긁어내는 내 손을 잡으며 아이가 나를 깨웠다

  놀이터를 뒤덮은 자귀나무의 붉은 수술이 눈에 들어왔다
  서로의 숨통을 틀어막지 않을 정도로만 가깝게 열려 있는 우리의 사랑처럼

  서로를 뒤덮지 않을 만큼만 벌어진 거리에서 속삭였다

플루트 교실 2

가보지 못한 세계의 불안이 나를 병들게 했다. 엄마는 어디에서 왔어? 엄마가 외계인이야? 전쟁이 불붙은 나라에서 왔어. 이따금 평화로운 외계에서. 매일같이 무덤을 생각하고 무던하게 고통을 끌어안던 날들. 구두를 고르는 여자의 표정 뒤에서. 나는 그런 표정이 싫었다. 물러설 수 없는 신중함으로부터. 사랑하는 일로부터. 매일 조금씩 멀어져, 어느덧 나는 뼈가 다 얼어붙었어요. 어느 날엔가 고드름을 닮은 눈물이 땅에 푹푹 꽂히겠죠. 그래도 나의 수난은 어느 서점에도 꽂혀 있지 않을 거예요. 딱 한 번 말을 섞은 적이 있는, 그 사람의 작고 둥근 입 구멍에 입술을 대고, 불쑥 나의 진심을 말하고 싶어집니다. 당신은 쉬지 않고 삼십 분을 달릴 수 있다고 말해요. 말하지 않았다고 해서 어릴 때처럼 후회하지 못해요. 누군가 내게 입술을 닮은 엉덩이 사이에 뛰지 않는 심장을 가졌다고 놀려도, 항변할 생각이 없어요. 그날의 음만큼 높고 짙고 푸른 농담. 목요일에 플루트를 불고 나면 한 주가 다 지난 것 같지만, 나의 소리를 질투하는 사람은 없어서. 누구라도 나에게 친절할 수 있고. 어떤 사랑은 믿을 수 없기에 더욱 강력하고. 배움은 무겁고. 나는 내게 가장 멀어서, 매번 다른 호흡에 익숙해져야 했어요. 그래도 너에게 나는, 내가 아니라는 걸 믿어서. 그 사람의 작고 둥근 거짓에 입술을 대고 불쑥 나의 마음을 고백합니다. 투— 투—, 너무도 설레어 엉덩이를 들썩이던 날들. 남들보다 작은 손을 찢어, 고작 남들만큼만 연주할 수 있던 날들이었습니다. 누구보다 불평등한 미래에서. 텅잉— 텅잉—

감자

나란히 앉은 아이들의 모습이 아름답지 않습니다
꿈에서처럼 낯익고 낯선 사람이 내게 입을 맞추면
장면은 뜬금없고

아이는 사람의 장난을 경계합니다

괴물만 괴물이 되는 게 아니야
괴물을 못 견딘 사람도 괴물이 되는 거야

급식실이 낯선 복도
낯빛을 바꾼 계단참에서
오랜만에 좋아했던 당신을 만났습니다
너무 좋아서 멀리에서 손을 흔드는 당신을
포근히 알아보았습니다

낯선 이야기만 나누었습니다
얼기설기 엮어 만든 이야기 속에는
앓아누운 당신이 있었고
당신의 길고 외로운 투병생활을 나는 까맣게 잊고 있었습니다

당신은 한곳에 오래 살았습니다
나는 이사를 가고 싶지 않아

오래 함께했던 사람과 헤어지고 싶었습니다

나는 모두의 삶이 구체적으로 불행하다는 것을 알지만
그것조차 당신에게는 따끈한 불행이라는 것을 모르고 싶어서
매일매일 밀려오는 식욕을 회의하고 있었습니다

나란히 앉은 아이들의 모습이 아름답지 않습니까
감자가 포슬포슬 익어갑니다

사랑했던 당신이 나의 목구멍을 꽉 채우고

박리(剝離)
―선영에게

응시할 이야기가 남아 있지 않다고 생각했어. 믿음은 불명예까지 뻗어 있어서. 확고한 어딘가에서. 어디까지 멈출 수 있을까

우리는 하루를 보냈습니다. 엄마들이 손을 모아, 더 말라 있는 것을 사랑합니다. 열병처럼 지쳐서 까무룩 잠이 들면, 살아 있는 날은 많지 않아요. 우리는 더 값어치 없는 물건이었습니다. 예외나 규칙, 반복이 없는 삶이 내게서 이어지는 동안, 더는 돌아갈 필요 없는 집이 필요해서. 나는 말라 있는 것을 사랑합니다. 멀리 있는 것에 마음을 두기로 합니다

나의 믿음이 옳다는 생각을 할 때, 손을 감추었다. 아이들을 데리고 더 희귀한 생명을 구경하러 멀리 있는 박물관에 갈 때에. 내가, 구할 수 없는 생명이 된 것 같아서. 마음껏 만지도록 그 자리에 준비된 생명을 낱낱이 구경할 때, 나는 좋아하는 것을 어디까지 버릴 수 있을까, 생각했다. 나는 스스로에게까지 밀려갈 수 있을까. 가열한 애정들이 바다 위 거품처럼 허연 내장을 드러내면, 모인 아이들은 체험관에서 좋아하는 곤충들을 싸움 붙이거나 실수로 바닥에 떨어뜨렸다. 사람을 학대하면 도구와 방법에 따라 다른 상처가 남는다는 걸 배운 날이었다. 내가, 체험할 수 없는 생명이 된 것 같아서. 나는 말라가는 우리만 사랑하기로 한다

한 사람씩 몸을 잃고 순서대로 죽어간다면
그렇게나 사랑했던 모든 것이 망가져도 나는 미역국을 끓일 수 있을 것 같았다
사랑했던 모두가 날 잊어도
나는 죽은듯이 살아서 모두를 기억할 수 있을 것 같았다

깊은 곳에서 숨죽여 표백된 산호처럼 아름답게 망가질 수 있다면, 나는 어디까지 망가질 수 있을까. 누구에게까지 버려질 수 있을까. 멀리 있는 기억은 사랑할 수 없을 만큼 충분히 메말라 있어서

나의 문장은 눈을 감았다

주말 연습

더 묻지 않았어요
칠이 벗겨진 목조 의자처럼
버려진 유원지의 모습으로
음산하게 웃고 있었어요
어떤 발랄함은
칠이 벗겨진 슬픔이구나
주말마다 아빠는 자신의 뺨을 때리며 운전했어요
조용히 하라고 욕을 하며
좋은 곳에 데려갔어요
너희는 너무 버릇이 없어
아빠는 눈을 감고 운전했어요

우리는 들키면 혼나는 진실을 감추려 거짓을 공고히 세우고
단란한 주말에 결박당한 맥쩍은 표정을 깔고 앉아
아빠의 옆에 앉은 서로를 부러워했어요
좋겠다 나도 아빠 옆에 앉아서 아빠를 때리고 싶다
우리는 너무 버릇이 없어
나무들로 둘러싸인 공원에 내려졌어요
그늘이 많은 얼굴로
우리가 서로를 봐주면 좋을 텐데
우리는 음란하게 서로의 흉을 파고들었어요

오늘 재미있었지?
주말이 지나기 전에 아빠는 꼭 물었어요
연약한 허벅지 안쪽과 팔뚝 안으로 피가 고였어요
아빠의 허리를 밟고 배를 발로 걸어차는 건
우리의 오랜 버릇이었어요

엄마, 엄마, 내가 무서운 이야기 들려줄게
옛날 옛날에 돼지가 있었어요
쉬지 않고 이야기하는 건 동생의 오랜 버릇이었어요
분만틀에 갇혀 삶이 멈춰버린 채 살아 있는 엄마
도구가 된 엄마를 사랑하는 건 나의 오랜 버릇이어서
칠이 벗겨진 목조 의자처럼
버려진 유원지처럼
흉물스러운 사랑을 구걸했어요
날 안아줘요
슬픈 웃음을 지었어요

실종

악을 쓰며 내 엄마에게 몸을 박는 아이를 만났습니다
모서리에 몰린 엄마
나는 그 아이가 왜 그렇게 미웠을까요
아무도 아이를 나무라지 않아
내 아이에게는 쓴 적 없는 종주먹을 쥐고
처음 본 아이의 머리를 쥐어박았습니다

후회가 밀려와
부당한 후회를 하고도 분이 풀리지 않아
아이의 아빠를 찾았습니다
아이를 그렇게 두면 어떻게 하냐고
싱그러운 아이 같은 그 남자가 측은한 아이처럼 나를 바라보아
아무도 몰래 설렜습니다
충분히 아이 같은 아이의 아빠는 자신의 당돌한 아이가 어디로 갔는지도 모르고
잔디를 닮은 그 사람의 초록빛 머리칼이 한없이 아련해
나는 나를 까맣게 잊을까봐
아무도 나를 나무라지 않는 그곳에서 달아나
아이를 찾았습니다

일행을 찾아나섰습니다
하얀 가슴이 푸르게 시려서

아무도 나는 찾지 않아서
의심하며 걸었습니다
분명 여기는 아닌 것 같은 길 위의, 다리 위, 작은 집들로 들어가자
엄마가 거기에 있었습니다
분명 자주 지나던 길이어서 한 번도 외우지 않았던 길을 가는데
내 아이는 계속 이 집 저 집을 돌아다니고
모르는 아이들이 방을 휘젓고 다니는데
가는 길이었는데
엄마는 오늘밤 여기서 자고 가자고 말합니다
가야 할 곳을 손으로 가리키며
엄마가 좋아
아이의 말에 눈을 뜨니
엄마가 있는 집이었습니다

어떤 사람은 살아 있지만 돌아오지 않아
초록 잔디가 나부끼고
사랑한다고 말해버리면 절대로 볼 수 없는 얼굴이 있어서

엄마, 이렇게 손을 꼭 잡고 걸어야 해
아이가 꽉 쥔 자신의 주먹을 내 손안에 꼭 채우면
실종되지 않으려 애쓰던 하얀 얼굴이

― 잊을 수 없을 것 같은 얼굴이

줄어들고
꺾여들고
비틀린
네가 버린
파먹힌 얼굴이
쓰라린 기억이

도저히 잊을 수 없는 얼굴을 지우고

내가 그곳에 있었다는 걸
알아주세요

손차양
―도시 여행

작은 사람의 손을 잡고 끌자 그 사람은 날아갔어요. 처음 가본 나라에서 만난 꿈은, 매일 다른 거리를 걷는 것이었어요. 돌아보지 못한 미술관의 푸른 골목을 지우고, 지하철에 오르면, 내 전생의 연인들이 나란히 앉아 있어요. 부서지고 나서야 다시 만들어지기를 반복하는 애잔한 나의 조각. 강을 지나 탑에 오르며, 매일 무고하고 아름다운 것들을 바라보았어요

입김을 내뿜으며 오지 않는 겨울을 기다렸다. 누렇게 뜬 얼굴로 상자에 담긴 자매들. 옥상을 덮은 파란색 천막 속에는, 고양이의 관절을 갖고 싶었던 할머니의 시린 꿈. 매일 밤, 저린 새벽의 모습이 되어 떠올랐다. 계단을 따라 내려오면 그대로 주저앉아 패혈증을 앓고 있던 아빠의 어린 몸. 가보지 못한 세계의 명화집 속에 짓눌려 있었고. 짓궂은 아이가 애꿎은 나의 사정을 놀려대듯 죄 없이 열어보던 책. 무고한 할머니의 손에는 고약한 냄새를 풍기며 고아질 약(藥) 고양이. 들려 있었다. 검은 봉지 속에 담겨 도착할 할머니의 유품처럼, 무심하게. 무고하고 아름다운 것을 사랑하는 삶은 전혀 무고하지 않다는 것을 배웠다

당신은 이런 곳에서 살 수 있겠어? 당신의 물음은 언제나 나의 진심과는 무관했고. 차 밖으로 손 흔드는 사람을 보며, 가장 깊은 외로움은 다가설 수 없는 괴로움이라고. 나의 전

생은 걸음을 버리고 계단을 오르는 무릎과 굽힐 수도 펼 수도 없는 무릎이에요. 나는 왜 당신의 당신일까요. 나는 선뜻 괴로움을 향한 한 걸음을 옮겼어요. 가장 깊은 괴로움은 들켜서는 안 되는 마음이라고

절대 웃으면 안 돼!
차오르는 마음과
서로 다른 고백의 방

저녁이 되면 물이 차오르는 성과
서로 다른 계급의 방

나에게 가장 작은 허락은 추위와 고락과 두 장의 모포. 정복자의 부조로 장식된 시청 앞의 시위와 문 닫은 백화점의 차양 아래 내려앉은 난민

사소한 몸짓만으로도 아름다울 수 있는 낯선 사람과
벽에 발을 붙이고 담배를 태우는 환한 저녁

그 사람은 잔혹하고 소란한 사람일 수 있는데
한쪽이 부서진 몹시 피폐한 사람 같고
외롭고 매섭고 캄캄한

무고한 사람들이 서로 사랑해서 또다른 서로를 죽이는 꿈을 꾸는 저녁이에요. 현실에서 깨어난 나는 근사한 꿈이라고 우겼지만. 당신은 이 도시를 걸으며 내게서 어떤 우월감을 빼앗길 원하나요

있잖아요. 나는 잘 지내지 못해요
걷다보니 선글라스를 잃어버리고, 돌아와보니 모자를 잊은 사람이 되어 있었어요

걷다보니 슬픔과 외로움이 삭제된 이야기를 읽었고요
아무도 다치지 않고 끝나는 이야기가 있을까요
당신은 아직도 그런 삶을 우리가, 선택할 수 있다고 믿고 있나요

당신을 당신이라 부르는 내가 우리가 지나오지 않은 골목을 보았어요. 그곳에 남아

나는 끝까지 가보고 싶었어요

사랑은 손차양 아래 담긴 슬픔을 보는 것이었으니까요

여름 공원

지옥은 지루할 틈이 없고 악몽은 고요할까

아무것에도 기울지 않았다

눈을 감았다 뜨자 사라졌고
짙은 색 옷을 입고도 한없이 우울했다

아무도 나를 안아주지 않아서
나는 바닥이에요

초록이 머리를 씻은 듯,
짙은 풀빛의 물속에 주저앉은 얼굴들
바람을 따라 일어서는 잔숨결

모든 게 녹아내리고 있어서

여름 공원의 끝에서
이제 막 태어난 사람을 사랑하기 시작했어요

허위와 빗각으로 뒤섞여
흩어지다가 애잔하게
낮잠에서 깨어난 마음처럼
드물게 짙어질 때까지

선명했던 모든 일들이 시간에 섞여 뒤범벅이 될 때까지
우리는 낯빛을 숨기지 않고 물방울을 튀겼다
쏟아지고 흐르고 넘치다가

누구도 나를 기울이지 않아서

여름이 멈춰 섰다

우리가, 앓으면

너의 지옥을 비추고 있는 나의 지옥도
너의 지옥을 닮은 나의 지옥도

지금과 같을까
그곳에 머물렀다

나는 밑바닥이에요
고백하고 간청해요

— **짬뽕**

— 붉은 의자에 앉아 아이는 무의미한 행동을 반복했다 나는 괜스레 서 있었다 헤어질 남자와 짬뽕을 먹었다 짬뽕이 물었다 엄마, 엄만 아빠가 왜 싫어? 서점 하단에 꽂힌 내 시집처럼 쓸데없는 물음이었다 사랑하는 사람이 스스로 생을 멈추면 어떤 느낌일까 자유, 도서관 다른 나라에 가기 전에 우리는 인사말을 외웠다 나는 예전으로 돌아가고 싶지 않아 너는 내게 또 그 말을 할 거야 한 사내가 굳게 닫힌 문을 흔들었다 닫음이라고 꾹 다문 입술이 짧게 흔들렸다 끝났어요 여자는 한 발짝도 옮기지 않고 말했다 사내는 다음날도 그 시간에 다시 왔다 일찍 오세요 사내는 다음날도 그다음날도 그 시간에 와 문을 흔들었다 그럴 리 없어 안에 있다는 건 끝나지 않았다는 거야 나는 정리를 하고 있었어요 남자는 문을 흔들었고 새장의 새들은 비명을 질렀고 밀가루가 선반을 탈출했다 그럴 리 없어 나는 늘 이 시간에 왔어 끝났어요 문이 열리고 아무것도 없었다 팔 것도 살 것도 남은 것도 여자는 반복되는 악몽 속으로 들어가 꿈을 팔았다 아이가 있는 그 여자는 엊그제 목을 매고 죽고 차에 뛰어들어 죽고 수면제를 모아 먹고 죽고 세면대에 머리를 박아 죽고 문이 열리면 아이가 놀랄까봐 조금씩 사라지며 죽기로 해요 그 사이 아이가 남자를 그리워할까봐 문틈을 열어두고 남자가 들어올 때마다 문틈으로 조금씩 스미며 죽기로 해요 단어를 잃어버리기로 해요 말없이 죽기로 해요 스스로의 몸을 파내어 고문해 죽기로 해요 뼛가루조차 남지 않게 고통

—

의 소리를 질러 온 집안을 보이지 않는 피와 살 조각으로 뒤덮고 죽기로 해요 죽기로 해요 단 한 번도 진심으로 사과한 적 없는 사람에게 어긋나는 진심으로 말해요 기괴한 그림 내장이 있어야 할 곳에 일그러진 얼굴이 담긴 고문당한 기관 일그러진, 일그러진 뒤에도 얼굴은 당신의 기관일까 작동하는 짬뽕을 먹었다 우리가 진짜 헤어질 때는 인사의 말은 하지 않기로 해요

지옥
―도시 여행

커튼을 닫으면, 어둠을 막아설 수 있을까
생활이 파괴되면

저 사람이 죽이려고 해요 죽이려던 나를
내가 먼저 막아서면

그해 겨울, 더운 김이 쏟아지던 나라에서 무심코 샀던
모빌이 끊어지면, 여름을 막아설 수 있을까

거짓이 산산조각나면, 나는 순순하게 거짓말을 인정했다

나를 죽이려던 사람도 내가 좋아했던 사람도
그 나라에는 없었지
위협하고 징징대고 안도하면

어느 것에도 신중할 수 없습니다

출발이 지연되고 있는 열차에서 나오는 방송은
층간 소음을 방지하려는 아파트의 방송과 같은 속도로
무심코 예의바른 몸짓으로 천천히 손목을 그었다

한밤에 어떤 소란을 일으키는 행동도 하지 않으면
무엇도 억지로 잡으려는 생각 없이 그대로 놓치면

친절하고 건조하고 사운거리는 마음이면
불충분의 이유를 모두 거두어갈까

어떤 손은 모형과도 같이 정형화된 방식으로 사진에 찍
혀 있었다
어떤 말은 그 말이 가진 것보다 더 근사한 뜻을 품고 있
었고
어떤 날엔 여름옷을 사서 입었는데 성긴 뼈들이 겨울 날
씨를 기억했다

악의가 없는 것들은 항상 나를 사랑해달라고 말할 수 있
었고
나를 아프게 하는 사람을 사랑할 수는 없었어요

어떤 경험도 소중하지 않아요

커튼을 열자 보이지 않는 뼈대가 자신을 드러내듯
창밖의 도시는 황금을 깔아놓은 듯
자정에도 확고한 거짓을 반짝였고

꺼지지 않는 불빛이 그 도시의 슬픔이라면
슬픔이 누군가에게서 뽑아낸 눈속임이라면

― 우리가 멈추면 나는 나의 거짓말을 완성했다

어떤 말은 그 말이 가진 것보다 더 지독한 혐오를 가졌고
생활이 옹기종기 모여 지옥을 비췄다

나를 사랑해달라고 말할 수 없었다

3부
당신은 나의 얼굴을 보았잖아요

자취

웃고 돌아서면 왜 잘못한 기분이 들까
진심은 무표정을 닮아 무참하고

살아 있지 않은데
괜찮은 척, 무력하고

나를 알고 있는 사람을 만나
당신이 알고 있는 나의 모습이 되어 다음이 정해진 말을 하는 날

첫소리를 가진 사람은 어떤 마음일까

행복이 나의 포장이 아닌
포장이 나의 행복인 사람

우리는 하나도 변하지 않았구나

사랑받고 있는 아이처럼 너의 말은 넉넉하고
나는 꿈속에서도 너를 외면했습니다

여전한 당신과 상관없는 어제를 더듬는
너그러운 저녁

진심은 왜 폭발하지 않고 스며드는 걸까

내가 버린 어제를 비췻빛 종량제 봉투 속에 꼭꼭 눌러 담아
이제는 내 곁을 떠나라고, 잘린 손을 담아 정중하게 부탁했습니다

나의 슬픔과 당신의 어제가 만나
오늘을 잃어버리려고 그렇게 귀기울였던 날

속을 알 수 없는 과육을 잘랐다
나쁜 일들은 단단하고 좋은 일들은 무른
빤한 모양의 날들을

잠깐 사이에 꾸는 꿈은 흐린 날씨를 닮았다

물감 연습

우리의 수면이 뒤틀렸다
이른아침 떨어져 늦은 아침 곯아떨어진다
아이가 바닥에서 공중으로 '쿵' 하고 떨어질 때
물감이라는 말이 좋다
시체를 삶아 뼈까지 우려낸 탕을 먹을 때
잔뜩 골이 난 아이가
칠할 수 없는 감정에 사로잡혀
물들지 않는 연습이 좋다

철판 위에 누운 아이스크림
스치는 손길에도 자국이 남았다
아이들은 코를 훌쩍였고
건조한 머리에서 젖은 빨래 냄새가 났다
머리를 물들일 때는
모르는 여자가 나를 수십 번 감겼다
마르지 않는 연습이 좋았다

틀니를 끼지 않고 잠에 들었어
배가 아프다고 수천 번 말했다
말을 고르지 못하는 나 대신 아이가 젤리를 골랐어
두려운 밤
아이가 고른 말이 섬유질로 길게 늘어져 주방 바닥을 어
지럽힐까봐

아이가 조사한 창백하고 푸른 행성
　펑펑 울고 난 얼굴처럼, 터질 때까지 부푼 자궁이 들어앉은 배
　내가 나를 찢고 나오려는 통증
　끝내지 못한 말이 남았어

　아이에게 무엇을 잘못했는지 모르겠습니다
　문득 나에게는 사과의 말이 없다는 것을 알았습니다

자취
―도시 여행

나는 그 도시가 좋았어요 흠잡을 곳 없이 흠집뿐인

다시 이 집으로 왔을 때
익숙한 어스름을 보았고
날이 밝으면 걷어냈던 커튼을
어두워지면 쳐야지, 했다

돌아보지 않은 마을들은 후회 속에 남지 않아요
선망했던 다리와
다리와 다리들

날이 저물면 커튼을 드리워 빛이 한 조각도 밖으로 새어 나가지 못하게 해야지
잠들지 않은 나를 아랫집에 들키지 말아야지

나는 좋아하지 않는 사람과 잘 헤어지는 법을 몰라요
좋아하지 않는 사람은 견딜 수 있는 사람이고
자꾸만 빈번히 싫은 사람이 되고
내게 무기력을 주는 주변이 되니까요

우리는 서로의 주변이에요
빙빙 돌고 느닷없이 들이닥치는 고문이고

골목으로 사라지는 여자에 대한 글을 써야지, 하고 생각
했어요

존중받지 못한 사람들로 쌓아올린 구조물이 명소의 옷을
차려입고 서 있는 곳
  피부가 벗겨진 사람과 위태로운 생의 조각
  두 사람의 팔 모양이 한 쌍의 조각을 닮아서
  기울인 시간과 접힌 근육의 자리에 생긴
  버성긴 얼굴, 우리라는 체적

밖에서는 사랑하지 않았던 것들을
집에 오면 다시 사랑하게 되었고
나는 내가 누구였는지 어디에서 왔는지를 잊은 채
그 집의 일원으로 복무했다

어느 날은 어둡도록 커튼을 치지 않고 두어볼까
  누군가 잠들지 못한 이가 좁다란 부엌 창으로 나의 밀실
을 환하게 굽어볼 수 있도록
  불행이라는 배역을 훌륭히 소화해내고 있는 나를 보여주
어야지

고통 없이 고양되는 것들
내리지 않고 흩날리는 것들

— 당신이 모르는 장소의 초상을 내가 아는 것

나는 글을 쓰는 나를 보고 싶었어요

파란 파라솔을 펴고 해변에 누운 사람들의 얼굴 위로
반점이 있는 사람들과 모래 위에 누운 사람들의 망각 위로
지중해의 햇살에 눈을 맞춘 채 까마득한 복수를 일삼는 사람들과
미치광이처럼 쾌활하고 위대한 공간에 뒤섞인 사람들 사이에서

나는 글을 쓰는 나를 보고 싶었어요
찢어지고 깨어지고 다치고 버려져 단단한 쓰레깃더미가 되어버린
아무도 돌아보지 않는 나라도
그런 나라면 커튼을 칠 필요가 없을 거예요

창밖으로 환하게 빛나는 거실은 나의 무대가 아닐 테니까요

내가 행복을 빌어주면 그게 아무런 힘이 없다고 해도 그 애가 행복했으면 좋겠어
매일 밤 나의 불행을 빌었던 식탁에서 중얼거렸다

—

다녀온 뒤 우리는 점점 더 멀어졌어요
내가 나의 무기력한 주변이 될 때까지
방관하는 나와 조력하는 나

부엌에 서서 바라본 발코니 창으로는 아이들의 고함소리
가 시원하게 쏟아졌다

날이 이렇게 더운데
놀이터를 감싼 자귀나무 이파리들은 추위에 떠는 것처럼
불안정하게 몸을 흔들었고, 일상이라는
 버성긴 얼굴, 벗어날 수 없는
 우리라는 체적

자취
―도서관

　너는 쥐새끼처럼 남의 이름을 잘도 훔쳐 달아나는구나 미로 같은 입구를 준비해두고 네 목이 부러져 따뜻한 네 몸이 통통한 네 몸이 보송한 하얀 털이 할머니같이 듬성듬성한 네 털이 비상구에 남아 돌아다닐까 덜컥 걱정이 되었지 고작 너를 지키겠다는 한갓진 꿈이나 꿀까봐 당신은 나의 얼굴을 보았잖아요 도서관에서 빌린 책이 연체될까봐 남은 날을 들고 긴 꼬리를 달아 하얗게 질린 얼굴로 달려온 아이들의 점심시간 맹렬한 사랑 끓어오르는, 나에게까지 도달할 우정이 남은 당신 나는 많은 것들을 버렸습니다 내 숨이 볼품없이 끝나버려도 당신은 이름처럼 아름다운 나의 당신입니다

자취
—초록

나는 질투해요
질투는 표정을 지워요
무표정은 표정이 없는 게 아니에요
표정을 비우는 거예요

책을 밟고, 책 위에 서면
책이 보여요

책을 숨겨요
책을 치워요

읽지 않고, 잊는 거예요
나에게 독서는

벌레가 흐르는 것 같아요
피부가 저려요

젖은 빨래를 걸어두어도
아이는 숨을 잘 쉬지 못해요

아이가 안경을 쳐서 내 눈은 안경이 되었어요
내 안경은 눈이 되었어요

― 잘 보려고, 어둠 속에서도 애잔한 아이의 얼굴을
시큼한 입냄새를
안경을 쓰고 매일 잠에 들었는데
당신은 내가 글을 쓴다고
꿈속에서도

우리의 사랑은 무슨 사랑일까요
아무리 뽑아 써도 공허해요

살아 있어도 슬픔
끝이 있는 잠깐의 기쁨
반복될 뿐, 지속되지 않는다는 걸 알아서

웃음의 끝이 짧고 슬픔의 길이 길었다

내가 어릴 때, 나는 우리와 상관없이 아빠에게 다른 미래가 있지 않다는 걸 알았고 지금은, 상황이 나아져도 그 사람은 달라질 수 없다는 걸

반복되는 우울 사이에 소스처럼 만족을 꺼얹어 먹고 그 달콤한 맛을 기억하며
내일이 끝나도 모레가 끝나도 우리는 끝나지 않을 것임을

―

회복할 수 없는 희망에 걸린 것처럼
고칠 수 없이 안다
내가 가진 건 고장난 기쁨이라는 것을

어떤 초록은 가슴이 미어져
못 견디게 그리운 사람 같아서 가슴을 뜯어내어 그 길을 걷고 싶게 한다는 것을

이사
—영통1동의 밤

야시장이 열릴 골목에서는 사람들이 낮부터 전구를 달았다
건조된 빨래에서는 봄꽃의 쉰 냄새가 났고

부비동염, 이하선염, 아이가 가진,
모두 내 탓인 것들

내가 하는 일에는 만족이 없어서
청소하기 두려운 밤

멀쩡한 책상을 버리고 쓸 수 있는 화장대를 버렸다
이름을 알게 된 여자가 나를 이해할 수 있다고 말한다

책상을 치우면 눈이 따뜻해질까
소파를 두면 싸우지 않을까

서 있는 사람들은 모두 조금씩 흔들린다
반쯤 열린 유리문은 지나는 사람들의 만족을 상영하고
안경을 맞춰주는 남자는 불편하게 잘 보이고
제자리에 있는 병따개와 전선이 어지러운 가게
철거될 흙벽이 제 가슴에 새긴 순명(順命)

나는 새롭게 낡아가요

문을 닫아도 자꾸만 문틈으로 새어나오는 것들
숙이고 앉아서 속이고 있는 나를 보는 내가 잘 보여요

멀리에서 보는 나는, 나와 가까운가요
팔로 거울을 그려서 춤을 추며 나온 당신이
팔로 감싸 만든 공간

건조된 우리의 기념일에는
깨끗이 닦인
끝내지 못한 원고가 남아 있었어

가정폭력상담소
―이사

　유리판 뒤에 일렁이던 당신과 내가 정확히 맞아떨어진다
　당신이 움직인다 내가 흔들린다
　당신의 옷에 내 옷의 무늬가 밴다 당신 얼굴 뒤로 내
　얼굴이 서름하게 비친다
　당신이 손을 흔들자 자수성가한 당신의 남편이 나타난다
　삿대질하고 욕을 하고 그까짓 귀를 떼어 몇 푼이나 버냐고
　당신이 가진 큰 그릇은 움직이지 않고
　내 가슴에 손을 얹고 당신은 보이지 않는 남편에게 기품
있게 말한다

　나는 당신의 손을 따라 서점에 이른다
　오븐에 머리를 넣고 죽은 시인 이야기를 한다
　조현병으로 죽은, 세상에서 가장 높은 점프를 했던,
　무용수의 책을 사러 가야지
　그의 병마저 훔칠 수 있을 것처럼
　입을 끔뻑하고 이름을 숨기면
　내가 그 고통의 이름이 될 수 있기라도 한 것처럼
　나는 속이 좁은 유리잔에 나를 넣고 흔들었다
　당신이 나의 옷을 입고 내가 당신의 얼굴을 쓰고 마주보
았다
　노력이 부족한가요
　나는 남편을 사랑하지 않아요
　완전한 평화를 얻은 당신이 내게 세모 동그라미 별 곱표

모양의 과도기를 걸으라고
　우리 사이를 가로막은 유리판 아래에 뚫린 구멍으로
　가엾은 남편의 얼굴이 보이고
　내가 위로해주지 않아 다른 여자의 몸을 쓰고
　내가 고분고분하지 않아 나를 지워버린

　가끔 그 집을 꿈꾼다
　밀려오듯 아이들이 쓸려오고
　떠내려오듯 아이들이 굴러내려오던 곳

　내가 갖고 싶은 건 책밖에 없었지
　내가 돌보고 싶은 건 내 살점을 뜯어 손톱 밑에 감춘 아이들뿐이었지

　엄마는 언니의 집에서 새벽부터 새벽까지 김치를 담갔다
　엄마는 아프면서 아프지 않았고
　내가 뛰쳐나온 집으로 가서 책을 버리다 허리가 다쳤다는 엄마가 서성이던 언니의 집에서
　내가 아이들을 매달고 무단 침입한 언니의 집 거실에서
　나는 내가 가진 정체성에 대해 헤어질 그 사람과 긴 통화를 했다
　그러니까 누구도 내 책을 가지고 뭐라고 말하지 마

— 집을 뛰쳐나오고 보니 이제 와 책이 무슨 쓸모가 있다고
나 같은 사람이 책 같은 걸 좋아해봐야 쓸쓸한 일이었고
무엇 하러 태어나서

내가 낳은 아이들을 김장김치처럼 차곡차곡 매만져 눕혀
놓은 언니의 집 거실에서
나는 무엇 하러 태어나서 자매를 괴롭히나
엄마를 병들게 하나

얼마나 좋을까 읽고 싶은 그 문장이 내게 있어서
기억하고 싶은 책의 얼굴에 밑줄을 긋고
빌리지 않고도 사랑하고 싶어서
한순간도 쉬지 않고 나를 팔아 햄버거를 싸고 새벽 셔틀
버스에 올랐는데
시간과 싸우지 않았는데 장소를 버리지 않았는데

나는 항상 나를 망칠 이야기들을 실현했다

버스가 느리게 도시를 통과했다
전구 옷을 입은 가로수 검은 손자국이 그려진 담벼락 다리
가 곧지 않아 치마가 아니라 스커트라고 읽고 싶었던 날들
언어의 몸을 가진 환상 동물이 되고 싶었다
사랑하지 않는 도시의 밤을 건너고 싶었다

—

오전 내내 상체를 잃을 만큼 많은 말을 쏟아내고 나면, 그 말들이 떠난 시간을 쫓아 살색의 나를 이어붙이고 싶었지만
후회를 고치려고
나는 더는 사랑할 수도 미워할 수도 없는 사람을 어떻게 끝까지 사랑해야 할지 몰라
상담을 받으러 왔다고
부러지지 않고도 접을 수 있는 몸을 가진 당신

그 여자의 등에 밤이 내려앉았다
기다렸지 점이 되어
검은 뼈를 뽑아 우리를 만들어서
언젠가 빌리지 않고도 사랑할 수 있는 사물이 생기면
사람이 되어야지
미워하지 않는 큰 그릇을 가져야지
내가 아닌 그 여자가 되어야지

― **책갈피**

― 어차피 갈라서기로 했는데, 꿈에서도 꿈은 없었다

이 모든 게 책 때문이라고

깨끗이 칠을 한 베란다에 누워 개천에서 흐르는 물소리를 듣고 물이끼를 입고 물소리를 내며
물의 얼굴로 흐느끼던 책들이

사이좋게 서로의 몸을 베고 누워 누구는 살포시 포개지고 누구는 무릎을 꺾고 누워 누구는 척추를 빼고 파괴의 피냄새를 꿈꾸는 밤
물고기의 얼굴이 되어본 적 있느냐고
그 남자의 새로운 여자가 화장실이 있는 방 커다란 침대에서 자다가 흐느끼는 소리에 베란다 문을 열었다
갈라선 전처의 책이야. 내버려둬
남자가 여자의 몸에 자신의 몸을 포개고 잠이 들면
그런 걸로 갈라서는 사람도 있구나
남자가 잠이 들면 여자는 베란다로 나와 책마다 페이지마다 몸을 뻗고 누운 구부정한 표정의 책갈피를 뽑아보았다
책의 얼굴로 흐느끼는 여자. 한 번이라도 물고기의 얼굴을 들여다본 적이 있느냐고. 방은 거대한 수족관이 되었다. 수족관 밖에서는 책들이 저마다 근엄한 눈알을 굴리며 온갖 피륙으로 겹겹이 몸을 감싼 채, 알몸으로 유영하는 여자와

변기 물을 내리는 남자를 지켜보았다. 파훼— 파훼—
　가름끈으로 목을 매며 책들은 수족관 안으로 몸을 던졌다

　그 남자의 처가 되기 전에 여자는 남자의 전처가 먼저 되어보았다

허기

우리는 달콤한 영화를 보고
물에 빠져 있었어요

가장 가까운 여행을 보고
실망에 잠겨 있었어요

숨막히게 지겨운 팔다리
자맥질을 멈춘 하루가

꿈같은 영화를 보고 나면
손가락 안에서 바스러져 있는

우리는 왜 작은 행복에도 안도하는 걸까요

배우지 않아도 졸음은 흉내낼 수 있었어요
집들로 쌓아올린 도시가 있었어요

헛된 영화에서 빠져나오면
값비싼 망상에서 허우적대면

불행을 지불하고 불행을 얻은 적이 있어요

얻은 종이컵 안에 투명한 것들을 우려내어

헛것에 풍덩 빠진 적이 있었어요

이사
―피아노 콩쿠르

나는 추울 때마다 물을 끓였어요 나는 허름하고 벗겨져 있고 취약하고 빈약하지만 나는 가져본 적도 없으면서, 따뜻한 집이 그리웠어요 한때 모든 사람들이 그랬던 적이 있지 그것은 그처럼 희망적이지 않았으므로 나는 집에서 꺼이꺼이 죽음으로 몸을 옮긴 할머니가 왜 그렇게 희망적인 이야기를 썼는지 알 것 같아요 삶은 끊임없는 거절의 연속이니까요 누가 나를 듣지 않고 내가 나를 보지 않고 불가능을 희망하지 않으면, 우리가 나를 다 쓰고 나면 할머니는 다시 돌아올까요

나는 피아노를 닦았어요 연주를 할 때마다 상체를 흔들어 커지거나 작아졌지만 파란 꽃무늬 조끼 위에 틀린 음을 받쳐 입고 순진한 청바지를 입고서 나는 핏줄을 뽑아서 뜬 손수건 옆에서 틀리고 또 틀리는 연주를 시작했어요 너의 연주는 아무것도 열망하지 않는구나 엄마는 나를 사랑해본 적도 없으면서 나를 모욕했어요 집을 버린 우리는 뼈를 떨었어요

건반을 닦던 손수건을 덮고 연주의 밤이 끝나자 전쟁의 밤이 깊어집니다 묵묵히 앉아 책 한 권을 써내려가는 사람과 저녁 식탁 겨울이 끓는 소리 집은 덥거나 추웠어요 따뜻한 구석을 찾아 헤매면 질투일까 질서일까 사랑했던 사람의 살아 있음을 요란하게 바라보았어요 누구도 기만하지 않는 이야기를 바랐지만 우리가 서로에 대해 모른다는 게 아는 것의 전부야 검은 셔츠를 입은 당신이 무심코 완벽에 가까

운 연주를 할 때에 나는 하얗게 밤을 지새워 물을 끓였어요
우리가 서로를 죽이던 집에서 나의 삶으로 몸을 옮겼어요

  이가 빠지던 날 꾼 악몽은 우리였어요

설리(雪裏)
―눈 내리는 체육관

　누군가와 이야기하고 싶은 밤이에요. 낮 동안에, 나 모르게 내릴 눈이 내 삶으로 미리 후드득 떨어지는 저녁. 누구도 믿지 않게 해달라고 빌었어요. 제 몸으로 낳은 아이를 죽여 택배 상자에 담아 자신의 엄마에게 보낸 여자가 생각났어요. 유리 상자 안에 곱게 담겨 눈이 내리는 풍경을 보면서도 만족이라는 걸 모르던 여자도 떠올랐고요. 눈 밑으로 피가 번져 흘렀어요. 눈물처럼 축축한 상자 밑으로 아이의 피가 흐르고 있었고. 모두 제정신으로 제정신이 아닌 짓을 하며 살고 있다는 걸. 눈앞에서 빠르게 흐르던 시간이 멀리에서 보면 느리게 눈을 떨어뜨려서. 어느 겨울밤 아이가 잘려 들어간 김치냉장고 속은 눈 속처럼 차가웠을까요. 내가 보는 눈에는 해도 비치고. 내 발을 얼리고 내 볼을 뜯어간 눈밭의 추위도, 감각을 빼앗은 추위도, 그게 멈춘 시간도, 나를, 내 살을 베어가진 않아서. 내 살 같은 아이를 잘라본 적 없어서. 내게 살을 주고 칼을 든 엄마에게 잘려본 적이 없어서. 나는 제 손으로 제 아이의 목을 조른 당신의 절망을 여전히 알지 못해요. 당신은 눈을 사이에 두고 아이와 헤어져본 적이 있을까. 옮길 수 없이 큰 눈덩이를 오로지 아이에게 주기 위해, 감각을 잃을 때까지 굴려본 적 있을까. 눈 같은 절망. 참으로 쉬운 말들. 가볍고 날카로운 종이를 반으로 찢어내듯 위선적인 도덕. 창밖에 내리는 눈을 보며 눈을 굴리는 아이의 설렘을 함께 세어본 적 있을까. 쉴 곳을 찾지 못한 어미 길고양이가 되어. 내가 아이와 굴리는 눈 속에 당신의 절멸이 있어요. 피가 배고. 나의 절망과 닮아 있어서. 당신은 갓 태어난 아이와 눈밭에 서 있다. 눈이 만든 하얀 모자이크의 세계에 갇혀. 점묘법으로 물든 화폭 같은 곳에서. 아이의 맨몸에 눈이 쌓여 녹지 않을 때, 당신의 어깨에 닿아 눈 밑에 닿아 물로 흐르고 얼음조각으로 흐르는 그 생생한 고통이 아이의 숨을 천천히 끊어갈 때. 나는 눈을 굴릴 때마다 용서할 수 없는 당신의 절망을 느껴보려고 애를 쓰고 있어요. 나의 절망과 맞닿아 있지만 나는 당신처럼 절박한 여자가 되어본 적이 없어서. 눈은 가볍고 눈은 흩날리고. 당신에게 떨어진 천근 같은 눈 한 송이 한 송이가, 당신에게 우르르 쏟아져 내릴 때. 나는 이 가면을 벗고 위선을 던지고 맨몸으로 눈밭을 굴러 사죄해야 할까. 저 흰 눈 속에 당신의 아이가 영원히 잠들어 있다. 살아 있는 동안 죽음과 같은 고난으로만 삶을 가득 채웠던 아이의 하얀 몸이 갈가리 찢겨 눈이 내린다. 따뜻한 어둠과 혹독한 빛, 수치심을 들키지 않으려. 눈이 와서 발이 저렸다. 네가 와서 알았다. 얽은 기억 같은 눈이 차례로 지구에 도착했다. 경기장을 빠져나오는 군중 같은 눈이. 힐난하고 야유하는 폭동 같은 눈이. 이미 끝나버린 마음 앞에 주저앉아 시를 읽는 혀. 구석구석 네 몸은 네 숨은 눈처럼 차갑고. 네가 웃어서 눈이 내리고. 생때같은 자식을 잃고 맨발로 눈밭에 선 여자

4부
사랑하기 위한 연습이 끝났지만 사랑은 오지 않았고

자전거 연습

숨만 쉬어도 돈이 드는 것처럼 사람이 앉아만 있어도 먼지가 쌓여

그것은 먼지 쌓인 연습만큼이나
지긋하고 오래된 여행
높은 다리에서 떨어지는 몸을 기다리며
지난 일을 사진 찍는 사람들

화산에 몸을 던지거나 덮쳐오는 파도에 몸을 맡겼다

구름처럼 높거나 혹은 낮은 곳을 꿈꾸는 사람들이 몰려들었다
웅성웅성
대화가 끝난 공터에서 눈을 맞추지 못하는 연인들

그렇게 잘 끊어지는 마음은 뭘까

안장에 앉아
한 발씩 걷기
두 발로 밀기
한 발씩 번갈아 페달에 올리기
두 발로 페달을 밟기*

멈추지 않고 달리는 마음엔 답이 있을까

크리스마스에도 아이를 낳던 날에도 눈이 내렸다

우리는 부적절해요

* 아이 친구의 엄마를 통해 알게 된 '○○시 자전거시민강습회'에서 최○○ 코치님은 아이들에게 마법을 부렸다. 엄마들은 자전거를 타지 못하는 여러 명의 아이를 데리고 코치님이 어떻게 일일이 안장을 잡아주며 연습을 시킬 것인지 궁금해하고 걱정했는데, 코치님은 마치 피리 부는 사나이처럼 자전거를 타고 나타나 "우주인처럼 우주인처럼"이라는 주문을 외웠고, 그날 강습에 참여한 대부분의 아이는 한 시간이 채 지나기도 전에 모두 자전거를 타고 코치님의 뒤를 따라 행궁 광장 주변을 돌다가 사라졌다.

리허설

십 년이 지났지만 나는 변치 않는 소송 속에 있다

건물 앞에 서면
어딘가 억울한 사람들이 모여 비를 맞았다
아픈 사람은 늘 일인이었고
훼손될 명예를 가진 사람들의 이름은 공공연한 비밀이었다

지상 8층 건물의 맨 꼭대기에는 조리원이 있었고 아래로는 영수 학원과 어학원이 양옆으로 즐비했다
한 번쯤 복받쳤던 아이와 한 번쯤은 증명하고 싶었던 아이가 줄지어 내려와 노란 버스에 차곡차곡 담겼다 그런 시절이 있었다는 걸 온몸에 새긴 누군가가 싱그러운 앞치마를 매고 아이들의 포장을 확인해 골목마다 내려놓았다
건물의 가운데층 중간에는 정신건강의학회가 있었고
양끝에는 치과와 법무법인이 있었다
어딘가 썩고 고장난 사람들이 치료와 이혼과 상속과 학교폭력에 얽힌 망가진 사람들이
건물의 이름을 모르는 사람들이 익숙한 간판 아래로 숨었다 심판에 앞서 낯선 보드라움을 기대하며
한 층 아래에는 독서실과 한의원이 있었다
생의 모든 과정이 집약되어 있는 느낌이었다
느끼지 못하는 내가 있을 뿐이었다
1층엔 상시로 임대하는 분양 홍보관과 자전거 가게가 있

어서
  여전히 무언가에 붙잡힌 채 달아날 수 있었다
  달아나며 구속될 수 있었다

  미룰 수만 있다면 삶의 모든 부분을 미루고 싶었다

  돌아오며 달아나는 길에서
  내가 돕지 못한 아이가 공원에 서 있는 것을 보았다
  반스타킹을 신은 양쪽 무릎이 검은 진흙으로 흠뻑 젖어 있던 아이
  서럽게 우는 아이는 그 힘으로 혼자 집에 돌아갈 수 있을 것 같았다
  내가 돕지 않아도 울음소리를 들은 누군가가 그 아이를 도우러 달려올 것 같아서
  나는 목소리도 손도 감추었다

  사랑하기 위한 연습이 끝났지만 사랑은 오지 않았고
  헤어지기 위한 연습이 계속되었지만 헤어나지 못했다

공중
―14층

  나뭇가지로도 감금할 수 있고
  털실로도 어둠을 짤 수 있지
  휘몰아치는 색으로는 눈을 빼앗아

  가로등 아래에서는 까맣고 하얀 고양이가 끼익끼익 떨어댔다. 문 뒤쪽에서 나온 아이가 내 목을 끌어안은 손이 덜덜 울렸고. 몸. 커다란 공간에서도 숨을 곳이 없었다

  가족은 서로에게 열리지 않는 문이었다. 바다로 뻗은 시선을 뽑아 서커스의 곡예사를 만나고 온 날이었다.* 아이의 가슴에는 붉은빛이 감도는 작은 마차가 걸려 있었고. 펄럭펄럭 푸른 혼백 소리. 우리가 세운 빛바랜 천막을 흔드는 바람의 손길은 불안했고. 불이 켜지기를 기다리는 공연장의 오래된 의자는 죽은 시인의 시 속에 남겨진 맨드라미를 떠오르게 했다
  보지 못한 그의 피가 흘러나와 의자 밑에 꾸덕꾸덕 굳어 있는 휴일

  박수 칠 양손을 무릎 위에서 꼭 붙잡고

  뼈와 살처럼 마지못해 달라붙은 두 사람
  발가벗기고 발가벗겨진 환호
  가난하고 빈약한 공중의 살갗

하르르하르르, 감출 것 없는 몸의 윤곽을 펄럭이며
견디어내는 두 사람

지켜보았다

서로의 손발을 붙잡고 공중에 목을 매달아 돌 때
한 사람은 한 사람에게 의지할까
행복은 마음을 놓을까
서로의 목숨에 붉은 끈을 걸고 뱅글뱅글 걱정할까
지겹도록 안전해질 때까지

우리는 왜 놓지 못할까

나는 매일의 어제를 떠올렸다
옹색한 주방의 아일랜드 식탁에서
한 사람은 절규하고, 한 사람은 그림 같은 진심에 흡족해 하는

서로에게 이유를 묻고

우리는 여전히 사람과 비슷할까

숭배하기에는 너무 숭고한 공연의 가운데에서

— 비어버린 바닥의 중간에서, 나의 공중은, 여전히 안전할까

안락하고 잘 아는 불행이 있다면
서로의 목에 걸어도 끊어지지 않고 돌아가는 극락

미화와 재단에 멀미를 하자
내 피를 뒤집어쓴 아이가 맨드라미로 피어났다. 우리가 떠나기를 반복하는 아늑한 공중에서

* 지금은 신도시로 이사를 갔지만, 한때 아이와 함께 병설 유치원을 다녔던 친구 한○와 그의 동생 리○를 만나 그들의 엄마가 제안한 대로 서커스를 보러 간 날이었다. 삼일절이었고 바람이 많이 불었다. 천막 속에서 나는 그들의 무대를 문화나 예술 같은 말이 이름에 붙은 대도시의 공연장으로 옮기면 어떻게 다를까, 생각했다. 내가 학창시절을 보낸 곳은 도시의 구도심으로 불리던 곳이었다. 청소년 통행 금지구역이 있었고 범죄 소식이 끊이질 않았지만 주변 친구들은 하나같이 순진했고 그곳에서 보낸 시절은 무구했다. 국경일이 아닌 날에 우리는 또다른 신도시로 이사를 간 아이의 친구를 만나기로 했다. 아이와 함께 만나는 엄마들은 서커스 단원의 기예에 버금가는 육아 기예를 연마한 사람들이었지만 구도심에 있건 신도시에 있건 우리는 영원히 예술인도 기술인도 아니었기에 우리의 하루는 실패를 기술하기 위한 실험일 수 있었다. 아직도 서커스가 있어? 삼일절에 왜? 마침맞게 잘 끝났다.

눈 내리는 체육관
―둘의 풍경

우리는 함께했던 병실의 기억을 나누어, 서로의 마른입에 넣어주었다
먹고 싶은 음식의 이름을 나열하며
네 동생이 태어났을 때, 우리 둘이 이런 6인실 철제 침대에 몸을 올렸었지
주먹을 휘두르며, 기억을 가로젓는 너에게서 지금도 수분이 빠져나가고 있었다
영원히 먹을 수 없다면 슬픈 일일까 다행한 일일까
바지를 벗은 채 화장실을 오가는 네 또래의 아이를 보며 생각했다
피 흘리는 나는 당신들에게 어떻게 다져야 하는 고깃덩이였을까

눈이 내렸었어
하얗지만 눈처럼 하얗지는 않은 시트에 몸을 올리고
너와 나는 기억을 썰어 먹으며 조촐한 축하를 나눴지
이곳에서 저곳으로 옮겨지며
당신의 이 사이에서 균으로 썩어가며
서 있을 수 없는 몸도 몸이라고 할 수 있다면

너무 완벽하면 비인간적이잖아
부고를 받은 남자가 전화를 돌리며 말했다

응급실에서 마침내 철제 침대 한 칸을 얻기까지
입원실이 없어 퇴원을 기다리기까지
고통을 수치화하는 달콤한 친절에 목마르기까지
저기 하얀 옷을 입은 한 사람이 두 손을 모으고 파란 옷을 입은 채 능숙하게 피를 뽑고 침대 사이를 누비며 차트를 작성할 수 있는 부산한 사람들을 동경과 두려움에 찬 눈으로 보고 있었다
다른 색을 꿈꾸며,
능숙하게 환자가 되어 마침내 침대에 누워 잠이 들 때까지,
너덜너덜해질 때까지,
인간을 유지해야 하는 인간은

마음 편히 더 아파 보이기로 익숙한 약속을 하면
익숙함으로 익숙하게 거듭나면
덜 아픈 사람을 멸시하는 것으로 위로받을 수 있을까
나는 빠른 속도로 정확하고 적확한 곳에 위치한 당신이 부러웠다
흔들리는 섬,
춤을 추는 것 같았다

공격의 기본자세를 연달아 하는 것도
능숙한 사람들이 파트를 읊으며 정확한 자세로 누군가를

돌보는 것도
　침대에 고스란히 누운 나의 아이가 주먹을 내려놓고 마침내 모로 잠든 모습도
　혼자이고 싶은 당신의 꿈도

시트가 걷히고 우리에게 눈이 또 내리고 내린다면
낡은 눈이 될까
우리는 마침내 져버린 사람이 될까
인간으로 죽고 싶고 인간을 죽이고 싶은 순간에도

슬프게도 인간은 아름다웠다

넷의 풍경

나는 아무것도 긍정할 수 없었다
이해라는 말을 빌려 분노를 포기하는 삶이 지겨울 따름입니다
불가해하다. 컸습니다
나의 일상은 다를 것이 없습니다
누가 나에게 괜찮냐고 아프지 않냐고 물어도, 내 뺨을 때리거나 내게 침을 뱉고 나를 짓이겨 수면을 틈타 내 성기에 손가락을 구겨넣고 휘젓는 것과 다르지 않습니다
나는 아파요. 어쩌면
나는 울고 싶어요. 어쩌면
위로받고 싶지 않습니다
사랑하지 않습니다
어쩌면 나는 이해하고 있는 걸까요
당신이 나를 파괴하는데도
당신이 내게 한 잘못이 명백하지 않다고
결국엔
폭력도 사랑도
살아 있어서

나를 찾아온 문장들을 돌려보내거나
나도 모르게 잊는 것처럼
내가 만든 문장 속에서 사는 건 편협해

아이가 칠판에 적어두었다
엄마 사랑해요
아빠 사랑해요
말도 하지 않고 말을 흘렸다
얼마나 무거운 말인지도 모르고 가볍게
나는 눌려 사라져간다
삿되고 아픈

마음에 없는 말을 했다
추호도
마음에 있지만 내가 할 줄 몰랐던 말을 했다
사실은 너무 마음에 있던 말을
한 뒤에 생각했다
내 마음은 진심이 아니었다고
진심을 덜 말하거나 조금 더 진심을 말해야 했다고

아이의 손을 잡고 눈썹을 삐끗하거나
괜스레 붉은 섬이 되는 일이 잦았다

당신의 색깔을 찾아보세요*
바르작거리는 아이의 잠 곁에 앉아 함께 책을 읽었다
아이는 동물원에 가고 싶다고 했다
알로록달로록 황홀한 꿈을 꾸는 가을 한낮, 후락한 동물

― 원의 텅 빈 우리 앞에서 우리는 구름장 사이로 비치는 한줄기 햇살을 보고 있었다
  폭력을 뚫고 기어코 고개를 내미는 한줌의 사랑에 환멸을 느꼈다
  저물녘, 적발증에 걸린 듯 온몸으로 붉은 통증을 휘날리며 파멸한 짐승의 환영을 보았다
  방향을 잃은 나의 분노가 너무 지쳐웠다

* 아이의 영어 교재에서 만난 문제.
―

휴양지에서
―경고문

우리에겐 아무 계획이 없어. 완료된 연락이라고는 들을 수 없지. 원주민을 쫓아내고 섬을 통째로 가진 그들의 사고를 이해할 수 없지만 여행은 계속되어야 하니까. 빛나는 모래섬에서 발을 베고, 피 묻은 회를 먹으러 가자. 나는 이상한 도시로 빨려 들어가. 버스를 놓치고 집으로 돌아가려 하지만, 나는 돌아가기 위해 단 한 번 출발한 곳에 도착하려 하지만, 이미 없어지기에도 너무 늦은 사라진 시간. 이른 밤부터 암흑을 약속한 휴양지의 중심에서 머리를 들고 있는 무인도의 개수를 세어보지. 얼마나 많은 휴식이 저들 속에 감추어져 있을까. 휴양지의 환영은 정교하고 우리는 말도 없이 끝나버렸지만 당신은 지극히 단축된 문장으로 경고하지. 나는 떠나온 자리에 남겨진 것들을 잊을 수 있을까. 해변의 모래처럼 주머니를 뒤집을 때마다 생겨나는 치욕들. 삶의 흔적은 없어져야 하는 것이 맞아. 해변 위에 누군가 경고문을 남겼다

산수유

딸이 태어난 계절에는 눈이 내렸다
　새 학기가 시작되고, 아이의 손을 잡고 올라가던 공원 길 가엔 노란 산수유꽃이 방울방울, 저녁 사이에 맺혀 가로등 불빛에 아롱졌다
　아이가 내 손바닥 위에 올려준 선물은
　목이 꺾인 산수유꽃이었다
　꺾어져 올라와 있어도 어여쁘고 생명이 떨어져나갔어도 생명을 가진 것 같은
　나를 낳고 나서 엄마는 그해에 봄꽃을 보지 못했을까
　학교에 가지 못하고 꼭꼭 숨어 지내다 마침내 일상을 되찾았을 때, 뒤늦게 학교에 전염병이 돌았던 계절에
　먼저 병에 걸린 아이들이 격리에서 풀려나는 동안
　오래도록 조심해 나중에 병에 걸린 아이들은 그해 봄꽃을 보지 못했다

　차례대로 계절이 찾아오던 시절에는 해를 향해 순서대로 얼굴을 내민 단풍잎들 사이로 아이들은 떨어진 산수유 열매를 집어 모았다
　커피포트 바닥으로 떨어지는 검은 커피처럼, 다리 사이에서 피가 뭉텅이로 쏟아져 내리던 날이 있었다
　자궁 선종입니다
　병명은 있지만 병이 아닌 것. 고통은 있지만 견뎌야 하는 것. 지지거나 묶거나. 부작용은 있지만 완치는 없는 것. 멈

춰야 끝나는 것
　칼로 쑤시는 것처럼 아랫배가 아프거나 멈추지 않고 생리혈이 쏟아지는 날에 공원에 하루종일 서 있는 날이면
　아이 곁에서 운동이라도 해봐. 가만히 서 있지 말고
　나를 책망하던 말들
　아이와 매일 가던 놀이터 미끄럼틀 곁에서 책을 펼치던 날, 나선형 미끄럼틀 아래로 추락하던 아이를 봤다
　다가가 아는 것을 지겹도록 주의시키거나, 선 채로 돌이 되어 아이를 지켜보는 것 말고는
　뒤를 돌아보면
　말이라는 칼로 누가 나를 있는 힘껏 쑤실 것 같았다
　다친 사람은 있지만 죄가 되지 않는 말들. 끝나도 결코 멈추지 않는 것들

　아이의 병설 유치원 친구들과 함께 모여 붉게 펼쳐진 황골 공원에서 산수유를 줍던 날이었다
　고통을 참고 타오르던 모든 것들이 사방에 펼쳐져 있어서
　아름다움이란 그다지도 고통스러운 것인지도 몰라. 내 몸에 맺힌 아름다운 절망을 잊지 않으려 헤아려보던 날이었다

선약

죽음을 미리 알 수 있다면. 아이들을 맡기고, 길고 긴 겨
울방학을 피해, 아무런 선약도 없는 주말에
사람은 사람을 무너뜨릴 말을 얼마든지 안고 있어서
약속을 하기 싫었어요

나는 불손한 사람이라
거기 있는 그는 여기에 없다
이제는 더이상 출연하지 않는 그의 옛 작품을 보며
더는 얼굴을 볼 수 없는 그를
알아볼 수 없는 사람이라
없다고 말해도 되는 걸까

그러니까 그 여자의 혹독한 삶은
그 지랄맞은 성격 때문에 예견된 것이었다고
그런 얼굴로 그렇게

엄마잖아
엄마는 그냥 있어도 엄마잖아

나는 이 삶이 거짓말 같아요
공손한 말과 내게 기울어진 약속

삶은 날이 갈수록 초라해져

집을 나서면 나는 다른 얼굴이 되었다
돌아갈 집을 생각하면 숨소리조차 입을 막았고
집에는 내게 필요 없는 것들이 가득했다
나는 집밖에 나가 필요한 것들을 사서
곧 필요가 없어질 것들을 집안에 버렸다
나는 내가 쓴 글이 싫어서 다른 사람의 글을 끌어모았다
집에서는 비난과 분노가 폭주했고
차근차근 개켜진 미움이 서성였다

공장형 축산으로 도축된 소고기를 먹으며
물티슈로 바닥을 닦는 손가락을 지적했다
화면에서는 많이 먹는 아이가 날씬한 혓바닥에 베여 사각사각 희생되었다
혐오하면서 바른말을 하는 사람의 좋은 웃음 앞에 바보처럼 웃어주었다
끊임없는 재단은 새집을 아름답게 만들었고
집에서조차 진짜 희생자와 순수한 피해자를 찾는 작업에 분주했다
질투와 미움이 폭설이 되어 내렸다
촉발되는 침묵을 넘어

약속은 하지 않았다
돌아갈 수 있는 집은 없었고

돌아오는 내 생일엔 밖에서 파티를 하자, 엄마
눈사람을 만들 때처럼 친구들과 밖에서 놀면 되잖아

\\\ 올 때처럼 밖에서 놀면 되잖아

눈은 내릴 것이고
약속은 하지 않았다

폭설이 내렸다
내리는 죽음이 있었다

역할놀이

우리 엄마 아빠 놀이 하자
나는 아기. 나는 고양이. 모조리 나로 된 아이들이 나만 빼고 놀이를 시작했다
엄마는 누가 해?
엄마는 엄마니까 엄마가 하자

자신이 없었다
세수를 하려고 손을 올릴 때마다 낮아진 얼굴 틈으로 모습이 새어나갔다
손을 내릴 때마다 벌컥벌컥 문을 여는 아이들
높아지는 윤곽

엄마, 다 씻었어?

나는 예민한 엄마
화를 내고 늘 죄책감에 시달리는
나는 참을 수 없는 엄마
부족을 부단히 인정해야 하는

나는 내 이름이 없었다
어떻게 애엄마가 그럴 수가 있어

이름을 가진 사람이라면 할 수 있는 일들이

— 모두 그럴 수 없는 일이 되어 떨어진다

아이들은 나를 기억하며 몸을 떨까
미친 여자
나약해지지 않으려고 이를 악물수록
보이지 않던 편벽한 성질이 나타났다

어두운 얼굴이 우리집에서 밝아지길 바랐는데
좋은 사람들이라는 그 사람들이 말하며
자신들의 우월감을 주입하려 할 때
나는 속을 알 수 없는 사람
세어지지 않는 사람

나는 역할이 없었다
그런 아이라면 누구라도 키울 수 있지
그런 일이라면 누구라도 하지
그런 나라면 누구라도 될 수 있겠다
그런 나라서
 나는 이미 당신이 지워진 당신의 좋은 사람이 나를 파괴하고 강요하는 걸 듣고 싶지 않아요
 당신의 엄마와 세계의 엄마들과 그 남자의 엄마와는 다른 방식으로 나는 나를 가졌어요

—

엄마는 누가 해?
엄마는 안녕히

거실
—3625

당신은 그렇게도 잘 살고 있구나
아이는 속옷만 입고 밥을 삼켰다
저녁은 부족했고
숨이 쉬어지지 않았다

나는 내 마음을 거절합니다

태연한 공원에 앉아 있었다
내 옆에 나란히 어깨를 놓고 앉은 사람들 너머로 끝도 없는 지옥이 펼쳐진 게 보였다

그날 조류 박물관에는 에어컨이 고장나 있었고
죽어서도 날아다니는 새가 있었다
박제
헤어져도 헤어질 수 없는 사이가 있어서
우리는 아이들 앞에 마음을 전시했다

밀치면 밀리는 몸이 있어서
서로의 고역을 박제했다
거실
허방에 빠졌다
살고 있어도 살 수 없는 집이 있어서
나를 치웠다

엄마, 이 새 진짜래. 눈만 가짜래
숨막히는 더위에도 유리관을 배경으로 황홀하게 서 있는 새가 있었다
진짜도 가짜도 아닌 마음이 있어서
냄새도 체온도 감정도
그 발은 걸을 수 없을 것처럼 오므려져 있었고

어느 날 조류 박물관에 눈이 내려도
날아다니는 새는 없었다

나는 내 마음을 거절했다

헤엄

　아이들에게 사랑을 속삭이면,
　바르작바르작 내 품에서 사랑을 솎아내어 제 숨에 담으려고 잠들기 전 가슴에 매달려 올망졸망 자라나던 아이들을 이불 속에 감춰두면,
　아이가 철없이 우리가 나누던 물의 꿈을 졸졸 이야기하면,
　우리의 계획에 낄 마음이 추호도 없는 엄마는 꼭 한소리 했다
　네 아빠한테 돈이나 많이 달라고 해라

　점퍼에 팔을 끼우려다 말고 우리는 바다거북을 떠올렸다
　제 색을 뽐내 입은 산호가 아름다워 고통받고 있는 곳
　사람들이 그곳에 자신의 이름을 새겨넣어 모든 것을 다 망쳐버리기 전에
　범고래가 숨을 멈추고 스스로 생을 마감하기 전에
　바다가 흘린 피로 가득한 바닷물을 보러 가자. 그대로 고통받는 몸이라는 장소
　모래사장에 지워질 발자국을 찍으며 해질녘이 되는 아이들
　엄마는 아빠가 왜 싫어?

　양팔을 벌리고 다가오는 절망이 내게 안아달라고 말한다
　나는 누구 편도 아니야
　나의 엄마는 말했지만

엄마는 네 편이야
　나는 내 아이에게 영하의 겨울 아침 집을 나서기 전 지퍼를 단단히 올리고 단추를 꼭꼭 채워 옷을 여며주며 다짐하고 또 잊지 못하게 일러주었지만
　어떤 일이 있어도 목숨이 떨어져나간 뒤에도 엄마는 네 편이야
　숨겨둔 보물처럼 엄마를 가장 사랑한다고 말하는 아이에게 나의 사랑은 그렇게까지 비장해도 되는 걸까

　나와 함께 집을 옮기는 사이 함께 몇 번의 도둑질을 당하고 나를 위로하고 내가 외워두었던 책들이 모조리 버려져 나와 같이 그 자리에 없다는 사실을 알았을 때 나는 온전히 미쳐버렸다
　할머니가 폐지를 모아서 판 돈으로 내게 책을 사주었지. 내가 매 시간 다른 공간에서 나를 모조리 벗기고 찢어내어 판 돈으로 책을 사 모았지. 그 책을 쓴 사람은 무엇을 팔아서 책을 썼을까. 나는 나를 뚝뚝 떼어넣어 쓰고 싶었지. 뭐든지 아낌없이 퍼주는 집이 장사가 잘돼. 밑반찬이 맛있는 백반집에서 눈처럼 하얗고 저마다 서글픈 선배들이 번갈아 내게 술을 사주며 허허 웃었지. 잘될 거라는 가족의 바람을 뒤로하고 아낌없이 주어도 잘될 수 없는 시를 써서

　나는 아직도 버려지고 버려진다고

나는 안락하지만 불타오르는 도시에서 참호를 팠다. 눈에 보이지 않아서 영원히 거짓일 비명을 파묻었다. 나의 손톱은 빠지지 않았고 무엇도 흐르지 않았는데 콸콸 흐르는 피는 무엇이며 아무도 공격할 수 없는 손끝의 냉기는 무엇일까

　너희가 나를 모욕하고 너희가 나를 짓밟고 너희가 나를 욕하고 너희가 내 소중한 것을 불태워도 너희가 나의 가족이듯이 내가 아무것도 되길 원치 않고 무용함을 쓰는 데 긴 생을 바쳐도 나는 너희의 가족일지니. 나는 저주를 퍼부었다

　누군가 너의 몸에 책들의 문장을 새겨서 너를 망쳐버리기 전에

　도망치렴. 나라는 이름을 가진 사람이 너를 가장 사랑하는 엄마를 도려내어 도륙하기 전에

　엄마 책, 할머니가 버린 거야

　엄마는 아빠가 왜 싫어?

　사이좋은 자매처럼 닮은 얼굴로 서로의 기대를 배반하고 서로의 희망이 되기 때문이야

　타오르면서 보기 좋게 식어버리기 때문이야

　어떤 사람은 매일 거짓말로 관계를 찢으면서 진심으로 사과하지 않기 때문이야

　그래 내가 안아줄게

소파에 누워 배를 드러내고 잠을 청하는
소파에 기대 기침을 참아내는 고집을

바다거북을 보러 가야지. 버려진 책들의 이름을 내 몸에
유영각으로 매달고 찾을 수 없는 심해로

가족이라는 위안
우리라는 안녕

엄마, 할머니는 누구야?
엄마의 엄마야
엄마처럼, 누군가의 엄마야
사랑하는 가족이야

양파 2

내가 너를 기다렸어
하얀 눈처럼 슬퍼져서 울었지

우리 다음엔 뭐가 있을까

나는 천장의 부조가 되어 걸려 있었지
너라는 조각을 향해

그건 네가 베풀면 안 되는 친절이야
마음 없는 친절은 없으니까

내일이 되어야 답을 주는 사람

만나기로 한 날에 너는 받은 적도 없는 마음에 답을 했다
그걸 너는 답장을 보낸다고 말했다
너의 답장에 답을 하지 못하고 만나면
나는 너를 잘 쳐다보지 못했고
바라보면서도 외면했다

헤어지고 나면 너의 눈빛이 나를 한 겹씩 한 겹씩 벗겼다
나는 하루종일 없는 너의 눈빛에 발가벗겨지고
감정에 치이고 환영에 매달렸다

오래전 언니가 머물렀던 바다로 갔다

아파트 복도에서 보면 겨울 바다에 선 나는 꽁꽁 언 채로 조개껍데기를 줍거나 모래에 묻혀 있었다

단오장이 열렸고 이국의 말을 하는 여자에게 사기로 만든 오카리나를 사서 목에 걸었다 여자는 몇 개의 구멍과 호흡만으로 내가 좋아했던 영화의 배경음악을 연주했고

그 시절 우리가 사랑했던 주인공은 어떻게든 죽었다

고작 천재지변이나 불치병을 이유로 죽는다면서, 화면 밖에 서 있던 우리는 아무 일도 없는 우리의 무력한 하루를 보태어 주인공의 죽음을 축하했다

사람을 좋아해서 썩어가고 있었다

낙조

　영결(永訣). 두 사람. 조명이 되었다. 기다려야지. 사랑해야지. 나처럼. 나는 나를 사랑하는 법을 몰랐다. 학대해야지. 나처럼. 너를 사랑할 때처럼, 나를 끝까지 깨끗이 내어주고 바닥도 남지 않을 때까지 사랑해야지. 나를 잊을 때까지. 아이를 사랑할 때처럼 아이가 되어야지. 몸이 되어야지. 돌아올 수 없을 때까지. 다시 보지 않을 것처럼 버려야지. 부고를 띄워야지. 받지 못할 사랑을 주어야지. 길게 가지 못할 인연을 화려하게 기술해야지. 최초의 기록. 최후의 궁지. 태초의 미련. 목조건물의 기둥에 적힌 애초의 언어처럼. 인멸의 물고기처럼. 모종의 말처럼. 어지러운 꿈처럼 흐려져야지. 복원된 뒤에도 기품을 잃지 않는 원본처럼. 버리고 떠나야지

　금선(琴線). 하늘에 비친 얼굴을 바다에 띄우고. 수천 개의 가파른 계단을 올라. 종아리를 버리고 고통을 주고 고통을 사해주겠다고 약속해야지. 하지만 고통은 살아 있는 동안 떠나지 않고. 바다를 닮은 이와 눈을 뜰 수 없을 것 같은 태양빛을 뒤로한 채 갯벌 위에 내려앉은 눈을 밟았다. 천천히 눈 속에 바닷물이 차오르고. 서로의 얼굴을 비춰보며. 그대로 조명이 된 두 사람. 사랑해야지. 내가

해설

내가 가장 (순수하게) 불행했을 때
박혜진(문학평론가)

1. 순수한 불행

　편집자 초년 시절에 조혜은의 시를 처음 읽었다. 그의 첫 시집 『구두코』(민음사, 2012)를 만든 일이 우리 인연의 시작이었다. 헤아려보니 십삼 년 전의 일이다. 시를 꼼꼼하게 기억하는 편이 아닌데도 조혜은의 어떤 시는 뇌리에 박힌 것처럼 사라지지 않았다. "소멸하는 뒤꿈치"가 반복되는 「플랫슈즈」가 그런 시였다. 그 시에서 아이들은 뒤꿈치를 들고 다니거나 지키지도 못할 약속을 내뱉는 어른들을 물끄러미 바라봤다. 상처를 상처라고 알아채지 못한 채 불안감과 서운함을 숨기고 있는 아이들의 내면이 구두나 화장품처럼 상처를 감출 수 있는 오브제와 동일시되며 슬픔이 극대화될 때, 그 역설적인 조합에서 나는 내 유년의 장면들과 재회하고는 했다. 나를 짐스러워하는 어른들의 눈에 띄지 않으려 살금살금 걷는 듯 고립된 채 존재했던 어린 시절은 세월이 흘러도 계속 그 자리에 남아 있었다.
　일찍이 조혜은의 시는 희미한 폭력의 흔적을 찾아내는 탐조등이었다. 『구두코』는 '노약자'라는 세 글자가 함부로 요약하는 존재와 그들이 발산하지 못해 묻힌 감정들을 발굴하는 태도를 통해 시인의 일이란 최약체의 존재가 경험하는 숨겨진 고통의 대변인이자 누구도 주목하지 않는 덧난 상처의 번역자가 되는 것임을 보여주었다. 고통에 공감하는 일은 반경이 넓다. 시에서 형상화된 상황이나 감정과 일치하지 않더라도, 조혜은의 시가 환기하는 슬픔은 읽는 사람들의 '존재론적 유년'을 아스라하게 자극했다. 유년의 한 장면과 다시 만날 때, 우리는 지난 시간을 돌아보는 과정을 통해 스스로 치유받는다. 어떤 시인에게 치유는 시인의 일이 아닐 수 있다. 그러나 조혜은에게 치유는 시인의 일이고, 이 일에 있어 조혜은은 시종일관 장인의 그것처럼 섬세하고 진지했다.

　그리고 그사이, 나는 이십대의 사회 초년생에서 사십대를 바라보는 중견 사회인이 되었다. 그동안 조혜은 시인 역시 인간으로서, 또 시인으로서, 삶의 많은 굴곡 속에서 변화를 겪었을 것이다. 각자에게 들이닥치는 일들을 어떻게든 피하지 않고 견뎌내던 와중에, 우리는 세번째 시집으로 다시 만났다. 『눈 내리는 체육관』(민음사, 2022)이라는 시집을 준비하면서였다. 나는 다시 한번 그의 시집을 만들었고, 세월의 더께가 쌓여서인지 감회가 남달랐다. 구두코만 내려다보던 아이의 정수리를 차분하게 응시하던 시인은 이제 '눈 내리는 체육관'에서 샌드백을 치고 있었다. 시 편편에, 단어 하나하나에 생활감이 묻어 있었다. 그래서인지 감정의 색채도 훨씬 짙어진 것 같았다. 그렇다 해도 대상에 이입하는 공감보다는 대상을 관조하는 공감을 통해 특유의 호소력을 빚어내는 건 여전했고, 나는 그것이 못내 반가웠다. 그리고 여전한 것들 가운데 뚜렷하게 달라진 것들이 눈에 들어왔다. 시인은 희미한 폭력의 흔적을 자기 자신에게

서 찾고 있었다.

　불행은 평등하다. 불행 없는 삶은 없고, 모든 사람은 자기 앞의 불행에 괴로워한다. 그러나 어떤 사람은 다른 사람보다 더 순수하게 괴로워한다. 조혜은의 시는 불행을 순수하게 대면하는 태도에서 불행의 가능성을 만들어낸다. 순수한 불행은 관조적 태도를 통해 나타난다. 조혜은의 이번 시집에 수록된 시가 경험의 핍진성과 서사성이 높음에도 전형적인 '현실 밀착형' 시로 읽히지 않는 것은 특유의 미학적 거리 때문이다. 서로 어울리지 않는 사물이나 사건을 연결하는 조혜은의 과감함은 관조를 드러내는 독창적 거리이자 불행에 대한 순수한 태도로서, 조혜은만의 배치의 미학을 보여주는 방법론이다. 관조적 태도는 사랑에서 일체감이 아니라 이물감을 본다. 사랑은 이물감으로 가득한 흉물스러운 것이고, 나로서 온전히 존재할 수 있는 불행은 괴로울망정 차라리 신비로운 것이다. 진심으로 미워해본 적 있는 사람만이 진심으로 사랑할 수 있다. 온 마음으로 미워할 수 있는 사람이 사랑을 포기하지 않을 수 있다. 조혜은은 사랑을 부정함으로써 사랑에 이른다. 이물감이 느껴질 때, 비로소 사랑이 시작된다. 조혜은의 시를 통해 내가 내 불행 앞에서 가장 순수했을 때가 언제인지, 그랬던 적이 있기나 했는지 되돌아본다.

2. 사랑은 흉물스럽다

　조혜은의 사랑은 "칠이 벗겨진 목조 의자"처럼 초라하고 "버려진 유원지"(「주말 연습」)처럼 황량하다. 잠시나마 걸터앉는 사람 하나 없고 환상을 찾으러 오는 손님 하나 없다. 누구도 거들떠보지 않는 빈집이자 천천히 "흉물"(같은 시)로 변해가는 철 지난 구조물. 이것이 조혜은이 그리는 사랑의 형상이다. 조혜은의 어둠은 쇠락한 사랑의 어둠이다. 사랑의 빛이 아니라 사랑의 어둠에 더 관심이 있는 사람이라면 조혜은의 시를 그냥 스쳐지나갈 수 없을 것이고, 사랑의 시작만큼 사랑의 소멸에 관심이 있는 사람이라면 멈춰 서서 들여다볼 수밖에 없을 것이다.
　이 사랑의 상태를 표현하는 가장 적확한 단어는 '흉물스러움'이다. 흉물스러움은 시간이 흐르는데도 혼자만 그대로일 때, 주변 환경과의 부조화에서 강렬하게 두드러지는 이질적인 분위기를 표현한다. 한때 주변을 빛나게 하며 일대를 장악하던 구조물은 이제 주변의 희미한 빛마저 다 흡수해버리며 자신이 있는 풍경을 산산조각 낸다. 사랑할 때 우리는 동화되고 사랑에서 빠져나올 때 우리는 구분된다. 사랑할 때 우리는 일체감을 느끼고 사랑이 끝날 때 우리는 이물감 속에서 괴로워한다. 서로를 받아들이지 못해 겉돌며 서로의 흉물스러운 타자가 되는 것이다. 조혜은 시의 주제는 사랑이나, 이 사랑은 이물감을 주는 혐오스러운 사랑이다.

'털실과 어둠'은 조혜은 시가 취하는 비극의 구조를 결정적으로 보여준다. 이 시집의 제목이 된 문장, "털실로도 어둠을 짤 수 있"(「공중—14층」)다는 표현에서 드러나는 화자의 태도는 비관이다. 사람들에게 희망을 주려는 시인이라면 이렇게 말하지 않을 것이다. 그보다는 차라리 어둠으로도 털실을 만들 수 있다고, 어둠도 따뜻한 옷이 될 수 있다고 말할 것이다. 그러나 조혜은은 그렇게 말하지 않는다. 따뜻함을 의심할 수 없는 털실에서도 추운 어둠이 태어날 수 있다고 말하는 시인은, 털실의 미래를 빼앗을 뿐만 아니라 온기가 필요한 사람들에게서 희망마저 빼앗는다. 따뜻하고 다정할 것이라고 여겨지는 모든 것의 이면을 보여줌으로써 우리가 생각하는 모든 좋은 것들에 경고등을 울린다. 조혜은의 시를 읽은 우리는 이제 어떤 상황에서도 어두운 것을 먼저 보게 될 것이다.

그러나 털실로도 어둠을 짤 수 있다면 어둠에서 털실을 풀어낼 수도 있다. 따뜻함의 속성으로 차가움이라는 결과가 나올 수 있다면 차가움이라는 속성으로도 따뜻함이라는 결론에 도달할 수 있다. 그러므로 '털실로도 어둠을 짤 수 있다'는 표현은 털실의 상실이 아니라 어둠의 획득을 의미한다. 털실로 때로 어둠을 짤 수 있지만, 어둠이야말로 추운 삶에 없어서는 안 되는 외투다. 우리는 어둠을 입고 이 추운 세상을 견뎌낸다. 불행을 연습한다고 해서 불행을 제거할 수 있는 능력을 갖게 되는 것은 아니다. 그러나 불행을 연습하는 마음은 불행과 공존할 수 있는 태도를 갖게 한다. 서로 함께할 수 없는 것들의 공존, 그 공존이 빚어내는 아름다움은 칙칙한 어둠도 아니고 청승맞은 한숨도 아니다. 그 이물감 너머 새로운 조화로움을 다음의 시적 공간들로부터 읽어낼 수 있다.

3. 말이 없는 체육관

　서로 어울리지 않는 속성을 지닌 단어를 동등한 위상에 배치함으로써 상황을 달리 볼 수 있는 시선을 제시하는 것은 조혜은의 시가 구사하는 언어적 특성이자 조혜은 시의 힘이다. 조혜은의 시는 두 개의 이질적인 언어를 단순히 병치하는 게 아니라 자석처럼 한몸으로 만들어내는 데 탁월한 기량을 보인다. 그러한 배치에서 비롯되는 이물감이 아름다운 장면으로 태어난 것이 바로 '눈 내리는 체육관'이다. '눈 내리는 체육관'은 조혜은의 시에 자주 등장하는 공간으로, 불행 속에서 답보하되 그 삶을 꾸역꾸역 살아가며 생존하는 인물의 내면을 문학적으로 형상화한 장소다. '나'는 주체할 수 없는 낙담과 분노에 마음이 꺾일 때마다 눈 내리는 체육관을 떠올린다. 체육관 바깥에서 내리는 눈은 그 땅의 번잡함만 덮는 게 아니라 바깥의 일과는 상관없이 체육관 안에 있는 인물들의 마음도 덮는다. 눈이 내리면 곧장 '나'의 마음 속 소음이 소거되며 풍경과 내면이 결합된다.
 '눈 내리는 체육관'이라는 이물감 넘치는 상상 속 공간에서 시인은 '눈'과 '체육관'의 묘한 공통점을 찾아낸다. 눈이라는 허무의 물질과 체육관으로 상징되는 몸이라는 물질의 허무를 동시 상영함으로써 하루하루의 고통을 저멀리 밀어내는가 하면 땅에 떨어지자마자 사라지고 마는 눈의 허무를 가까이 끌어온다. 가까운 고통이 멀어지고 멀리 있는 허무가 가까워질 때, 행복과 불행의 교차 지점이 발생한다. 말할 수 없는 고통은 허무 속에 사라져가고 사라져가는 허무는 매일의 통증과 함께 감각된다. 잴 수 있는 고통으로 가득한 세상을 잴 수 없는 고통의 시선으로 바라보면 잴 수 있는 고통은 다소 사소해진다. 우주에서 바라보면 지구의 일들이 하찮아지듯이.
 이물감 속에서 공간의 의미를 발견하는 다른 시로 「공중—14층」이 있다. 「공중—14층」은 서커스 공연에서 사람들이 펼쳐 보이는 공중 기예를 감상하며 자신의 공중을 떠올리는 한 사람의 심리를 보여주는 시다. 공연장에서 공중은 그저 텅 빈 공간이면서 서커스 단원들의 기예가 펼쳐지는 예술의 공간이다. 공연하는 사람들에게는 일상화된 생활의 공간이지만 공연을 바라보는 관객들에게는 아찔한 사고가 연상되는 불안과 공포의 공간이기도 하다. 화자는 14층으로 추정되는 자신의 집을 마치 그런 서커스의 공중과도 같은 공간으로 불안하게 인식한다. 집은 불안과 공포의 공간이면서 생활의 공간이고 예술의 공간이기도 하다. 그렇다면 지금 그 집은 그 모든 가능성 중 어떤 곳으로 존재할까.

털실로도 어둠을 짤 수 있다는 말은 공중의 희망과 공중의 절망을 한데 보여준다. 조혜은의 시는 N극과 S극이 공존하는 자석처럼 같이 있을 수 없는 삶의 쇠붙이들을 끌어모은다. 외투로 인해 따뜻해지기도 하지만 외투로 인해 추워질 수도 있는 것이 인생이라고 할 때, 조혜은은 그 두 가지를 동시에 보여줌으로써 역설적으로 사람들에게 온기를 선물한다. 최악을 상상하는 것은 세상의 기준으로 보면 나쁜 버릇일 수 있다. 그러나 최악을 상상하는 시는 불행의 가능성들을 스스로 소환해냄으로써 불행의 주체성을 높인다. 그것은 인생의 주도권을 불행에 주지 않듯 행복에도 주지 않는 태도로서, 내가 내 인생의 주인이 되기 위한 시적 태도이기도 하다. 어둠이 털실이 될 수 있듯 불행을 연습하는 것이 행복을 추구하는 유일한 길일 수 있다.

4. 눈먼 수족관

"한 번이라도 물고기의 얼굴을 들여다본 적이 있느냐"(「책갈피」)고 물어본다면, 나는 그렇다고 말할 수 있다. 몇 달간 물고기를 길러본 적이 있었다. 물속을 유영하는 물고기를 바라보고 있으면 일순간 한 마리의 물고기가 된 것처럼 내 몸을 잊었다. 그 순간만큼은 눈동자와 눈동자만 있었다. 수족관을 들여다보는 건 설명하기 힘든 몰입감을 줬다. 그러나 그 감각의 기쁨도 오래 가진 못했다. 한 마리 두 마리, 물고기가 죽어가기 시작했기 때문이다. 죽음이 벌어지자 수조는 삶과 죽음이 공존하는 세계가 되었다. 내가 수조를 사랑한 건 물고기를 바라보며 나를 잊을 수 있었기 때문이었다. 하지만 그 사랑은 죽음에 대한 불안과 공포 속에서 급격히 사라져갔다. 생명과 활기만 있던 수조에 죽음과 어둠이 스며들자 수조를 보는 내 마음을 점거한 것은 조마조마함이었다.

너무 깊은 수조는
가슴을 철렁하게 했다

너무 자세히, 물고기의 얼굴을 본 날에는
쓸쓸해 고통스러웠다

눈먼 알비노 송어
보이지 않으면 상관하지 않아도 되는 걸까
수족관에서 죽은 물고기를 보았다
다리를 저는 남자도

진단이 아닌 선고를 듣는 부모의 심정으로
나는 사랑이 지겨워

내게서 사랑을 가져가려는
내게서 사랑을 찾으려는 당신도
―「수족관 얼굴」 부분

　수족관은 이번 시집에서 가장 두드러지는 이미지이자 시적 공간이다. 「수족관 얼굴」에는 "수조 속 최고의 순간"을 궁금해하며 수조를 들여다보는 사람이 등장한다. 그는 물고기의 얼굴을 자세히 들여다본 날이면 괜한 쓸쓸함에 사로잡혀 고통받는다. 그의 수족관에는 "눈먼 알비노 송어"가 있다. 알비노 송어는 멜라닌 색소가 부족해 몸이 흰색이고, 그런 탓에 다른 물고기들과 확연히 구분된다. 「수족관 얼굴」에서 시인은 수족관 속의 얼굴과 수족관 바깥의 얼굴을 동시에 배치한다. 전자는 물고기의 얼굴이고 후자는 사람의 얼굴이다. 현실의 논리로 바라볼 때 그 둘은 조금도 동등하지 않다. 물고기를 바라보는 얼굴과 사람을 바라보는 얼굴은 전혀 다른 무게를 지닌다. 그러나 수족관 벽을 앞에 두고 둘은 동등한 얼굴이 된다. 둘은 서로를 바라보지 못하면서도 기묘하게 공존해 있다.
　눈먼 송어는 아무것도 볼 수 없다. 서로가 서로를 바라보고 있는데, 한쪽은 모든 것을 볼 수 있지만 다른 쪽은 아무것도 볼 수 없는 것이다. 이때 화자가 이입해서 바라보는 것은 수족관 속의 물고기다. 화자는 수조 속 눈먼 물고기에게서 자신만이 알고 있는 자신을 발견한다. 눈먼 흰색 물고기는 시적 화자의 심리적 상황이 투영된 존재인 것이다. 수족관은 투명한 공간이다. 안에서 벌어지는 모든 것이 훤하게 드러난다. 따라서 그 안에 있는 물고기는 바깥의 시선에 그대로 노출된다. 투명한 수족관 속 눈먼 물고기는 타인들에게 자신이 전부 드러난 것만 같은 '나'의 모습이다. 그건 엄마로서의 역할일 수도 있고 시인으로서 받는 기대감일 수도 있다. 어떤 역할이든 그것에 걸맞아야 한다고 요구되는 모든 것들이 여기 해당한다. 물고기로서의 우리는 외부의 시선에 완전히 노출돼 있지만 정작 볼 수 있는 게 없다. 그러므로 바깥의 시선에 부응할 수 없는 근본적 부조화, 근원적 이물감이 발생한다.

우리가 조혜은의 시에서 깊이 읽어내야 하는 것은 스스로를 불행의 관조자로 위치시킴으로써 불행에 휩쓸리지 않고자 하는 태도, 불행을 끌어안은 채 사랑을 만들어나가는 불행의 주체성, 즉 불행의 순수성이다. 조혜은의 시에서 그려지는 화자들의 불행은 온전히 자신의 불행이다. 순수한 불행은 바깥으로 튀어나가고 싶은 마음과 이 자리에서 견디고 싶은 마음이 불안하게 공존하는 모습으로 나타난다. 우리의 삶은 어느 한쪽에 있지만 우리의 실존은 어떤 쪽으로도 기울지 못하는 딜레마적 공간 위에 있다. 양극을 한몸에 지닌 자석같이 밀어내면서도 끌어안으며 모두 겪어내는 '관조력'이 바로 조혜은 시의 매력이다. 그 딜레마적 공간이 조혜은의 어둠이고, 조혜은이 말하는 사랑이다.

조혜은의 시를 읽는 나는 언제나 그 어둠의 오랜 구경꾼이었다. 조용한 싸움을 홀로 치르고 있는 한 인간의 관객이었다. 그의 네번째 시집을 읽는 마음은 많이 다르다. 『털실로도 어둠을 짤 수 있지』는 나를 더이상 구경꾼도 관객도 아니게 한다. 조혜은의 이번 시집이 구경꾼이나 관객에 머물러서는 이후의 삶을 살아갈 수 없다는 것을 가르쳐주기 때문일 테고, 사랑의 진실은 "칠이 벗겨진 목조 의자"나 "버려진 유원지"를 바라보는 시선에서 비롯된다는 걸 이야기하기 때문일 것이다. 나는 내 불행의 주인이 되어 오직 나만의 싸움을 시작해보고 싶다. 감춰진 상처를 찾아 나서는 탐조등이었던 조혜은은 이제 우리 인생의 페이스메이커가 된 것 같다. 어떤 시인에게 그것은 시인의 일이 아닐 것이다. 그러나 조혜은에게 그것은 시인의 일이고, 이 일에 있어 조혜은은 탁월한 장인처럼 카리스마가 있다.

조혜은 2008년 『현대시』를 통해 작품활동을 시작했다. 시집 『구두코』 『신부 수첩』 『눈 내리는 체육관』이 있다.

문학동네시인선 237
털실로도 어둠을 짤 수 있지
ⓒ 조혜은 2025

1판 1쇄 2025년 6월 26일
1판 2쇄 2025년 8월 20일

지은이 | 조혜은
책임편집 | 서유선
편집 | 김내리
디자인 | 수류산방(樹流山房) 본문 디자인 | 유현아
저작권 | 박지영 형소진 주은수 오서영 조경은
마케팅 | 정민호 서지화 한민아 이민경 왕지경 정유진 정경주 김혜원 김예진
        이서진
브랜딩 | 함유지 박민재 이송이 박다솔 조다현 김하연 이준희
제작 | 강신은 김동욱 이순호
제작처 | 영신사

펴낸곳 | (주)문학동네
펴낸이 | 김소영
출판등록 | 1993년 10월 22일 제2003-000045호
주소 | 10881 경기도 파주시 회동길 210
전자우편 | editor@munhak.com
대표전화 | 031) 955-8888 팩스 | 031) 955-8855
문학동네카페 | http://cafe.naver.com/mhdn
인스타그램 | @munhakdongne 트위터 | @munhakdongne
북클럽문학동네 | http://bookclubmunhak.com

ISBN 979-11-416-1064-7 03810

* 이 책의 판권은 지은이와 문학동네에 있습니다. 이 책 내용의 전부 또는 일부를 재사용
  하려면 반드시 양측의 서면 동의를 받아야 합니다.

잘못된 책은 구입하신 서점에서 교환해드립니다.
기타 교환 문의: 031) 955-2661, 3580

www.munhak.com

문학동네